国文教育经典

中学以上作文教学法

梁启超 著

首都经济贸易大学出版社
·北京·

图书在版编目（CIP）数据

中学以上作文教学法 / 梁启超著. -- 北京：首都经济贸易大学出版社, 2018.7
(国文教育经典)
ISBN 978-7-5638-2790-9
Ⅰ. ①中… Ⅱ. ①梁… Ⅲ. ①作文课—教学法—中学 Ⅳ. ①G633.342
中国版本图书馆CIP数据核字(2018)第059987号

中学以上作文教学法
梁启超　著
Zhongxue Yishang Zuowen Jiaoxuefa

责任编辑　彭伽佳
书籍设计　张弥迪
出版发行　首都经济贸易大学出版社
地　　址　北京市朝阳区红庙（邮编 100026）
电　　话　（010）65976483　65065761　65071505（传真）
网　　址　http://www.sjmcb.com
E-mail　publish@cueb.edu.cn
经　　销　全国新华书店
印　　刷　北京玺诚印务有限公司
开　　本　787毫米×1092毫米　1/32
字　　数　186千字
印　　张　7.25
版　　次　2018年7月第1版　2018年7月第1次印刷
书　　号　ISBN 978-7-5638-2790-9/G·414
定　　价　32.00元

序言一

这本书是梁任公先生去年在东大暑校讲演的笔记。去年秋梁先生在东大讲学，我们把这篇稿子给他看过（曾载于暑校日刊），并且告诉他我们预备刊单行本的意思，他说可以刊的。后来听说他对于这个题目要另做一本书，我们便把刊单行本的事搁住。现在事隔一年，梁先生的文章还是遥遥无期，我们因为外面对于这本书的需要很多，各方面来借抄的应接不暇，所以决计把去年的稿本修改了付刊，使需要这书的人先睹为快。将来梁先生书出版时，这本书也可做一个参考。

这本书不但是作文教学法，也是中学以上国文研究法。这本书外梁先生还有一篇《中国韵文里所表现的情感》，是讲做韵文的方法，登在去年《改造杂志》上，必须参考的。

关于中学的国文教授法，世澄曾两询梁先生。他说："中学作文，文言白话都可；至于教授国文，我主张仍教文言文。因为文言文有几千年的历史，有许多很好的文字，教的人很容易选得。白话文还没有试验得十分完好，《水浒》《红楼梦》固然是好，但要整部地看，拆下来便不成片段。"这是他的特见，现在记在此处做这本书的楔子。

卫士生　束世澄

民国十二年十一月十四日　东大

序言二

我们在刊布这本书的时候曾要求梁先生做一篇序，并且告诉他我们刊这书有二种目的：第一层，“中学以上作文教学法”是现在一个大问题，首先提出这问题的是梁先生。这问题经梁先生提起，登高一呼，响应的一定不少；但是梁先生的讲稿至今没有公布，这是教育界的一件大憾事。第二层，我们不但希望这书可给目前急需的人一个安慰，也希望在梁先生论文出来以后还可以做一个参考。梁先生的研究是日日有进步的，我们后生小子望尘莫及；但若有一个机会使我们能看见梁先生进步的痕迹，因而跟着去研究，也是一件很愉快的事。

梁先生因为心绪不宁没有做一篇序。现在把梁先生覆我们的信录在后面，使大家晓得这书的缘起。

接到两君来信，又高兴，又惭愧。前年我在东大暑校讲的中学以上作文教学法，当时因为时间仓促，一点没有预备，自己十二分的不满意。就中尤为缺憾的，是应该引许多例证，一切都没有引，其他不妥当不完备的地方也不少，恐怕印布出来会误人，所以两君请刊单行本的时候，我总想腾出日力来改正一番才安心的。

现在过了一年多，我又被别的功课牵缠，不惟不能校改，而且早已把原作忘得无影无踪了！今年北京师范大学也要求我讲这门功课，我正在要想请两君把笔记稿子寄来当参考品，免得另起炉灶呢！

这份讲义我自己虽然极不满意，但在最近时间恐怕还没有校正的余力。既然两君说社会很需要这类东西，那么就请把它印出。好在我们著述讲演目的，都不外应当时此地之要求，并非打“藏诸名山”的主意，只要不至于十分误人，就拿很潦草的粗制品出来求社会批评，总是有益的。

两君要求我做一篇序，我本来很高兴的，但因为家人抱病，心绪不宁。今年上半年答应各学校的功课都暂行停止，现在实不能做这篇序，请两君原谅。若要令读者知道这部讲义的缘起，或者将这封回信登在卷端也可以的，请两君斟酌吧。

我的夫人若恢复健康，我下半年决当再将这个题目重新研究组织一番。笔记印出后，希望寄给我几份当资料。

十三年三月十日

梁启超敬复

卫士生　束世澄

目　录

我所讲的这种研究法可以成立与否还不能定，不过我总希望多带一点科学的精神。现在先讲其大概。

一、提纲

一文章的作用，在把自己的思想传达给别人。这句话要分析一下。

（一）自己的思想

所谓思想，有两种要素：

1. 有内容。什么是内容？可从反面说：比如替不相干的人做寿序之类，便是无内容的文。又如学校中先生出论题给学生做什么范增论呀、管仲论呀……学生心中本没有要说的话，便是无内容，完全是从前八股气息。总而言之，凡是应酬考试的文字，多是无内容的，是空的，是不能算数的。

2. 有系统。思想不会单独发生，做一篇文的时候，心中必定有许多思想；若是没有系统写出来，还算是无思想。好文章是拿几种思想有条理地排列起来。如一块玻璃，一根木料，不能成为窗户；便是几块玻璃，几根木料，乱放在一起，也不能成为窗户；必定要拿好几块玻璃，好几根木料，依一定的条理配好，然后成为窗户。所以散乱的思想不算思想。曾文正论文也说要："……言之有物，言之有序。"有物便是内容，有序便是系统。

（二）传达给别人

传达给别人，须有两条件：

1. 所传达的，恰如自己所要说的。作文时，往往心中有要说的话，没有说出；有时心中本不打算说的话，也说出来了；有时将要说的话，说错了：这就是手与脑不能一致。作文要不多、不少、不错才好。

2. 令读者恰恰理会得我的原意。文章不好，令读者如坠五里雾中，自己虽以为传达得不错，人家读了不能明了我的意思，或错会了我的意思，失去我的原意，乃至与原意相反。所以传达须使自己的意思一点不含糊，一点不被误解。

以上所说的似乎很普通，但是很紧要。打开《文选》和《古文辞类纂》，能合这两种条件的很少。合了这件，便合不了那件，什么唐宋八大家，都有这个弊病。孔子论文，只说了一个字，最简最好。他说："辞，达而已"，"达"字下加"而已"两字，是表明达字外再没有别的话说。本来文章不过是将自己的意思传达给别人，能达便是文章。文章一部分是结构，一部分是修辞，前者名文章结构学，后者名修辞学。文章好不好，以及能感人与否，在乎修辞。不过修辞是要有天才，教员只能教学生做文章，不能教学生做好文章。孟子说得好："大匠能诲人以规矩，不能使人巧。"世间懂规矩而不能巧者有之，万万没有离规矩而能巧者。

所能教人的只有规矩。现在教中文的最大的毛病便是不言规矩而专言巧。从前先生改文只顾改词句不好的地方，这是去规矩而言巧，所以中国旧法教文没有什么效果。我以为作文必须先将自己的思想整理好，然后将已整理的思想写出来，这是我的全篇的大意。

（三）文章种类

文章种类，可从思想路径区分：

1. 以客观的吸进来之事物为思想内容者，这是从五官所见所闻……吸收进来的。

2. 以主观的发出来之自己意见为思想内容者，这是从心里面发出来的。

第一种是记述之文，第二种是论辩之文。世间文字不外这两种。

二、记述之文

记述之文，可分两种：

（一）记静态

此有三种：

1. 记已完成的事物。

2. 记在一段落之间，其状态比较的固定的事物。其事尚在未定之天，不过各部分已发达到某程度。如化学实验将氢氧二气在玻璃管中合而成水，便是此类。

3. 在前后事物中抽出中间一段，看其一刹那间的静态。记静态之文如绘画或雕刻。画像的不能画出人一生自少至老的形状，只能画出其人某时间的形状；画山水的，在朝晖夕阴、气象万千中，也只能画出一部分的影像。雕刻也是如此，只能将一时间的状态表出。

这一类的文，如替一部书做提要（如《四库全书提要》），替一座建筑、一幅画做记（如《未央宫记》《东南大学记》《吴道子画像记》），替一个地方做志和游记（如《登泰山记》）等类皆是。

（二）记动态

专记事物活动的过程，其性质如留音机，如活动电影。留音机不同乐谱，乐谱是静态，留音机能将唱的活动反应入人耳。活动电影是由许多片子凑成，拆开来是死板板的，合拢来便可将人的活动过程惟妙惟肖地反应到人眼中。

属于这种性质的文，如替一人做传，或替一事做记事本末等类皆是。

大概记述之文不外这两种。但细为分析又有：

静中之动。如写一刹那间之风景（风景有变化，是为静中之动）。

动中之静。如人物传记（已死去之人的动态，是为动中之静）。

静中之静。如做一书的提要，如题画。

动中之动。如记事本末（如记东大暑期学校其事尚在进行中，是为动中之动）。

在静态动态中又各有单纯复杂之别：

单纯静态。如专做一书提要、一种法律，记一支山脉或河流等类。

复杂静态。如合记几部同类的书，比较各种静态，如记一都市，从种种方面记它皆是此类。

单纯动态。一个人在一个时间内做一件事的动作。如记梁某某时在东南大学演讲，即是此类。

复杂动态。记多数人在许多时间空间内同做一件事或几件事的动作。最复杂的是战记。不讲欧洲战记，即如楚汉之争，时间占去五年，空间几占中国全部，人数是无数，做一篇记，却是很难。作文愈复杂愈难，最难的便是战记。但有不容误会者，单纯记述之文亦不易做，并且单纯记述之文和复杂记述之文，理法亦有不同的地方。

无论记何种状态，总要有两方面都记到。

1. 外表的状态。

2. 内含的状态。

无论动静、单纯复杂状态，皆有外表及内含的精神。

书——书中篇目、章节，是外表。书中的精神所在是内含。如做《墨子》提要将各篇内容记出，《兼爱》讲些什么，《尚同》讲些什么，《非攻》讲些什么……这是外表。专有外表还是不行，必须将《墨子》精神写出，（内含）才算完全。

风景——记风景专记它的状态是外表，观者的心情是内含。同是一个月：清高的人看月，一面写月的妙处，一面写心境的清洁；生离死别的人看月，一面写月，一面写生离死别之情；这便是内含的状态。

人物传——记人的经历是外表，记人的精神是内含。如《史记·李将军列传》，记李广一生经历是外表，记他的忠直的心，和坏的脾气，遇着坏环境，便是内含。

战记——战记要一面使事实很明了（外表），一面使读者明其因果（内含）。

记述之文无论记动静、单复状态，要理清头绪，最要紧的是把它时间空间的关系整理清楚。因为空间时间都含有不并容性。同一个时间的，必定不同空间；同一个空间的，必定不同时间，这是物理学上很浅的一个原则。比如梁某某时在东大演讲，同时不能再有别人也在此处演讲，否则也必定在别的地方。空间也是这样，同一课堂不能同时上两种课，这一层一定先要清楚。

记静态的文以记空间关系为主，记时间关系为辅。记动态的文与之相反，以记时间关系为主，记空间关系为辅。故前者最要注意整理空间，后者最要注意整理时间。但有一原则：记时间空间不能平均单调。如记空间仅写全部面积多大，是不行的，须详其一部，略其一部。记时间也是这样。即如中国有五千年的历史，若平均分配，百年为一期，或五十年或十年乃至一年为一期，是不对的，必须详记某一时期的事实，别的时期的事实从略才对。但是详略之间要配置适当，这是作文的要道。所谓整理，就在这个地方注意。

三、记静态之文

记静态的文，最要整理空间关系。整理空间关系先要定出观察点，如算学之有坐标。主要的观察点分五种（以下五种观点名目皆系杜撰，将来想着好的再改）：

观点一　鸟瞰

这种观察法，是将身子跳出事物之上腾空观察。如鸟飞在半空，放眼下视；又如飞机在空中拍照下面景物。这种观察法是注重全体（平均看），但是只能看出大概的情景。如照相的只能将人的面貌照出，不能将一丝丝的头发也照得清清楚楚。

这一类的模范文如《史记·货殖列传》，将秦汉间中国经济状况全部记出，历史、风俗、人情……种种方面都写到。读者读过这篇列传，脑中便留个当时经济状况的影子，明晓当时经济状况的大概。

观点二　类括

这种观察法，是身入其中一部分一部分地详细观察之后，得综合的概念，如看东南大学、参观教室、参观大会堂、参观梅庵……一部部地详细观察之后，然后合拢起来，将整个的东南大学看出。

这种观察法，注重各部分的内容、位置和互相的关系。

这一类的模范文如《汉书·艺文志》（所举皆是极普通的文字），将各家各派的内容、位置和关系都分得清楚。

观点三　步移（移步换形）

鸟瞰将身子跳出事物外，看其大概；类括是身入其中，看其各部的情况，分析比较再总合起来。这种看法和上两种不同：它的坐标常常移动，便随所移动的地方做记述。

这一类的模范文如《汉书·西域传》。《西域传》和地理志的做法不同。地理志用类括法，拿郡国县做纲领，一条条地记出。《西域传》便不是这样，开首便说："西域以孝武时始通。"下面便叙述有南北二道：南道从鄯善莎车，西经葱岭，便到大月氏、安息。北道自车师、疏勒，西经葱岭到大宛、康居、奄蔡、焉耆诸国。后面叙述诸国的情形，便依着这道路的顺叙，这便是步移法。

地理志可以用类括法。因齐鲁诸郡县的名称一写出来，人便晓得它的位置所在。至于西域诸国，道里远近人不能知道，所以《汉书》换一种写法，依着经过西域的情况写去，使人明了。还有柳子厚的游记，也是这种办法。他的游记共总十几篇，分开来是十几篇，合起来是一篇。看他第一篇是《始得西山宴游记》，恰恰是十几篇的开端。次寻着钴鉧潭，便做《钴鉧潭记》。次寻着钴鉧潭西小丘，便做《钴鉧潭西小丘记》，又次是至《小丘西小石潭记》……一连十几篇都是相连续的，是跟着他的足迹所到而记的，令读者也不知不觉地随着柳子厚去游玩，真是妙极的了。

以上三种皆是观全体的方法。

观点四　凸聚

这种方法和前三种方法不同，坐标放在旁边一定点（选择的），拿别的事物做陪衬。如绘画有时以人为主，那四周的木石便是附属品；有时以树木为主，那树旁的人物便成为点缀品了。

这种观察法精神总要聚在一点，四面有远近浓淡，这轻重浓淡之间很不容易。

这一类的模范文如黄宗羲所做的《明儒学案》中的《姚江学案》，精神专注在姚江之学，其余的都是陪衬。《明儒学案》这部书做的本好，《姚江学案》更做得好，但是还不如我的《墨子学案》。序中发明墨子学术很多，中间将墨子一书的内容说明，最注重的是结论取《兼爱》做凸聚。什么《尚同》《非攻》……都是从此发出来的。

观点五　脔尝

凸聚法是纳全体于一部，这种方法是专写一部分，不管这一部分是否属全体中的重要部分。如《墨子》一部书有许多讲哲学的，有许多讲论理学和科学的。我是科学家便专看他的科学，我是哲学家便专看他的哲学。又如参观东南大学：我是研究小学教育的，便专看东南大学的附属小学；我是研究农科的，便专看东南大学的农科。不问附属小学和农科是不是东南大学的重要部分，只就自己的兴味从一部去观察它。

以上两种是局部观察法。

凡一件事可从种种方面去观察，所以同一题目可以有许多篇的好文字。

作文时最好只占一观点。一题到手，先要选定观点，切忌杂用。有时或兼用，必须段落分明，告诉人家我现在所占的观察点在何处。

五种观点各有主要条件，再申说一下：

鸟瞰　最要提挈全部。

类括　最要分类绵密正确。

步移　最要层次分明。

凸聚　最要看出主眼所在。如墨子，若以明鬼做凸聚，便聚不拢。

脔尝　最要能深入此部分，而割舍他部分。

写静态的文，最好绘图做表，可以省却许多废话，使人易于明了。好的文章虽不用图表，能使人读它的文，便可依据它的记述，做出详明而正确的图表。

例如，《史记》写巨鹿之战，可以画一详图。以空间论：有河一道，前为赵兵，还有燕代、齐鲁诸国兵。敌兵如何包围，粮道如何接济。楚兵粮道又如何接济，曾在何处逗留不进，细细研究可画一详图。以时间论：某月某日有什么战事，一目了然，可以造出一个详表。论这篇文的字数并不多，还不满二千文，这才真是妙文。平常人家作文三反四覆地说来说去，时间空间关系如何，作者自己还弄不清楚，那可糟透了。

有多少文字写动态如《左传·城濮之战》，亦可将其两军相对的情况画出一个详图。晋右翼楚右翼如何对敌，哪边先打起，哪边没有动，两方面拿多少兵来对敌；晋国如何先攻楚国的弱点，如何集中攻楚国的左翼，左右翼既败之后，楚国的中军如何不敢动，一一可以了如指掌。

又如《汉书·西域传》，记南北二路沙漠在何处，几条河在何处，每列一国必定讲清离长安多少里（长安是那时的京城），读者细细研究后便可画出一个详图；并且这个图还用做现在新疆省的正确地图，你看这篇文的效用如何。

一件事内容复杂，必定要做表才能清楚。本人做这表最好，若本人没有做表，可以补做一个。如《晋书·刑法志·魏律叙略》，不满二千字，主旨是叙魏的新律和从前李悝的《法经》，及《秦律》《汉律》相比较（中国最古律书是李悝的《法经》，后秦商鞅有《秦律》，萧何有《汉律》九篇，《魏律》改为二十篇，一直到《唐律》《明律》《清律》，各有加增，都是一脉相传），说明改进的原因和它的部分篇章加增和移动地方：某条《法经》如何，《秦律》如何，《汉律》如何，现在因什么理由删改，都叙述出来。如今《法经》和《秦律》《汉律》都亡了，只剩下这一篇可宝贵文字，我们据着它至少还可以做一个秦、汉、魏律篇目移动表。将《秦律》篇目、《汉律》篇目画为三格，哪些是加增的，哪些是相沿的，分别清楚。

四、记动态之文

凡动作，必须有时间的经过，也必定时间经过之后动作效果才现出来。记动态之文实在讲起来，不过记无数时间动作的集积聚起来求它的效果的总账（不是记流水账），所以这一类文研究的主点有二件：

1. 记动作集积的理法。
2. 求得总账的理法。

记动态之文分两种：

1. 记人。

2. 记事。

记人之文。记人之文是拿一个人为中心，从本人或他人的动作上看出他的人格。做这一类文章应该注意的有三点：

（一）背景

记一个人的活动，必须知道这个人站在什么地方，当时的环境怎样。如画人必画这人四面的风景，画一个纳凉的人，必须将夏天的风景画出，然后这人纳凉的动作才能烘托出来。所以做一人的传，必须讲明此人的时代和地位，然后这人活动所根据的位置才能明了。

写背景也有两件事要注意：

1. 不能写得太多。　最多不得过全篇三分之一。普通不过占全篇五分之一，乃至十分之一。不写背景固然不能看出此人的真像，但是写得过多，也嫌喧宾夺主。如唐宋八大家便有这种毛病，他们所做的传和墓志铭有时不写背景，有时写得太多；不怪他们写得多，因为除此以外更没有可写的，真是可笑。

2. 要和本人事业有直接关系。　如替一外交家做传，应当写当时国中外交形势如何，哲学家写当时哲学思想如何，这才是本人的背景。太史公的《史记》写背景的地方很少，但是我们不能怪他，因为他是做一部史书，全时代的背景散在各处；七十篇列传多系同时代的人，战国时人占三十余，汉人四十余，背景大都相合，所以不能篇篇写出背景。但也有特写背景的：如《鲁仲连传》写背景很多，而且写得很好，鲁本是一个倜傥高士，爱打抱不平，遨游各国，见何国有事便去帮助它，事过之后他又去了，要表明这人的人格，必须将他一生所做的事的背景写出，所以不能不详。写背景不好的，如《屈原列传》，太史公将屈原的人格看错了，他最崇拜屈原的文学；但是他的程度还不能认出屈原的文学的价值，所以这篇列传，满纸恭维都弄错了。史公认屈原的文是忠君爱国的文，所以写出许多当时政府上的背景。实在屈原的文固然有忠君爱国的话，但此不过是他的文章中一部分，且仅仅是一部分，他的好处并不尽在这一方面。若要写出屈原的人格，应写过去文学如何（三百篇）。屈原前没有专门文学家，屈氏是开山祖师，这一点非写不可。还要把屈原的文和过去文学不同之点，以及屈原所生之地，是从前蛮夷之邦，新加入文明民族团体而能戛戛独造，都写出来，才能见屈原的好处。史公这篇文实在太坏，叫我看卷子，一定取不着优等，至多勉强及格。

（二）个性

写个性是记人之文的主脑。做一传绝不可做一篇无论何人都可适用的文字。如现在的寿序，最好是做老太太墓志，年青时如何襄助丈夫，年老时如何抚养儿子，差不多一顶帽子可以放在无数的人头上，这一定是不堪的文字。英国大经济学家格林威尔面上有一大痣，一日请某画师替他画像，画师为美观起见，便没有画他脸上的痣，他大发怒道，画我要像我，这是我吗？画像要画他与别人不同的地方，一篇传的好坏，便看能否将本人和别人不同的地方找出来。法国写实派的文豪莫泊桑初作文的时候，他的先生出一个题给他做，这题实在难做：叫他到街上看十个车夫的一天的动作，回来替这十位车夫做十篇起居注，每篇百字左右，要各各不同。莫泊桑经过这次试验后，常常告诉别人，他所以会作文，全靠他的先生这番训练。学文的必须用这个方法。列位！做十个不同样的人的传，是很容易的？做一篇孔子传，一篇华盛顿传，一篇达尔文传，他们本是特别人物，各人环境和事业又各各不同，我们做来之后，很容易地能令我们自豪，以为这种伟人也被我们弄得惟妙惟肖了（因为无可比较）。至于平平无奇的十个人，并且是十个车夫，同在城市，背景和事业都相同，要一个个地分清，那这分析的功夫要怎样，细心考察要怎样，不怪莫泊桑称这题目是好题目啊。

中国最好记事文，历史不易举例。小说如《水浒》《红楼梦》，它们价值在什么地方？《水浒》要写一百零八位好汉。一百零八个样儿，已经是很难；而且都是强盗，同在一处做强盗，更是难上加难了。《水浒》这个计划不免失败，因为他们不能写出一百零八样，有些相同，有些太不近情理，这是由于著者计划太大的缘故。如他的计划缩小一半，或三分之二，只写三十余人，的确有三十个人不同。你看他写武松、鲁智深、李逵……总有十几二十个强盗各有各的性，曲曲传出，所以我说《水浒》的计划如果缩小一半，他的价值便不止增加一倍了。《红楼梦》不讲别的，单看他写几十个丫头，同在一个大观园内，的确写得一个个不同。平儿、袭人、紫鹃……一看而知，各人个性活现纸上。

小说体和列传体不同：小说个性靠作者的想象力，列传靠作者的观察力。长于想象的不一定长于观察，所以做列传的好手不一定能做小说，做小说的好手不一定能做列传。这两样哪样最难？我不敢讲，看各人性之所近。施耐庵不见得能做历史，要太史公想出几十个不同样的丫头，恐怕也是很难。不过列传没有小说自由，小说可凭空造（只要想到世界上可以有种人便可），历史要从实事上观察出来。

描写个性的唯一原则，是“凡足以表个性之言动，虽小必叙；凡不足以表个性之言动，虽大必弃”。做一个人的列传，将他的一生事业胡乱写出是不行的。（大事固然可以表见本人，小事也可以看出本人人格。）有几个例：

例一：《史记·廉颇蔺相如传》。这两人是赵国的一文一武，《史记》写这两人刚刚相反。写蔺相如专写他一生两件大事（完璧归赵、渑池之会），因为写这两件便可将相如的敏捷、强毅、忠诚完全表出。相如整个人格活现纸上。记廉颇便换一个方法，专写他的小事。我们想一想，廉颇是一个武人，当然打战是他的大事，况且他打的胜仗很多，两次胜齐，二次胜魏，三次胜燕，由本传可以见出，做廉颇的传，当然是要极力地写他的战功了。哪知道《史记》写他八次胜仗，不到二十字，反啰啰唆唆地写他如何与蔺相如吃醋怄气，如何负荆请罪，后来在异国又如何对赵使者表示没有老，想赵王用他，一气写上几百字，这是什么缘故呢？因为若写他的战功，那时战法总是一样，要写他的智勇，那吴起、王翦也是一样的忠勇，从此处都不能表出他的整个人格，写他几件小事便可看出他老人家是一位极忠诚的军人。气量很小，然而很知大体，待人很厚。

例二：《李将军传》。《史记》中好文章很多，上例中的《廉蔺传》和这篇都是超等文章。不过这一篇能否考超等还有疑问。就文论文，是一定考上等。但是史公和李陵相好，不知道他对于这位老伯伯有没有偏阿，所以还不能定这篇能否考一等。这篇文举李广许多琐碎事情，射石、挟匈奴、杀关吏……诸事，令读者可以看出他是个勇将，气量狭，不大听人号令，结果自己倒霉，这篇的确是传文的好模范。

（三）他心

记一人的事，有时不能专记本人，须兼记他人来做旁衬。因为一人的动作必定加在他人身上，所以不必专写本人，而写因本人动作所发生的事，或别人对于他有什么动作，可以烘托出本人人格。

例一：《史记·魏公子传》。专写侯生、朱亥……这一班下流社会的人，似乎专替他们做传，写信陵君的地方反很少。这是什么缘故？因为信陵君的地位是国王胞弟，写他竟能对于这班下贱人如此恭敬有礼貌，这一班人又怎样地帮助他，从此处便可将信陵君的整个人格看出。

例二：《史记·淮阴侯传》。这一篇也是超等文章，可拿它和《汉书·淮阴侯传》比较。《汉书》这篇《淮阴侯传》便坏极了，若要我替他看卷子，必定不许他及格；不特不及格，还要打手板子，《汉书》多抄《史记》，这一篇传独将《史记》中蒯通游说一事删去（在《史记》中占全篇三分之一以上），使全篇黯然无色（《汉书》特为蒯通立传，蒯通这种人怎配立传，这已经弄错；班固又因为蒯通没有别的事，只有说韩信造反一件事，便硬把韩信传中蒯通的事拿开，真是胡闹）。我们读《淮阴侯传》，最令人敬重而且怜悯他的，是因为他不忍背汉高祖，而高祖反要杀他，这一点最为紧要。蒯通劝他反，他不肯反，便可见出他的心情。《汉书》删去，便是不知利用他心表现人格。

例三：《霍光传》。《汉书·霍光传》是一篇精心结撰之文。霍光一生的大事是废昌邑王立汉宣帝，而助成他这事的便是田延年，所以《汉书》把田延年的重要的事都写在《霍光传》上，使人由田延年的动作看出霍光的人格，和《史记》拿蒯通衬出淮阴侯是一样的方法（田延年本传上没有写他一生重要的事，是因为作者立意要将《霍光传》做得十二分好，便不顾《田延年传》的好歹，究竟这种办法应该不应该，另是一个问题，然而《霍光传》是的确做得好）。

例四：《三国志·诸葛亮传》。陈寿《三国志·诸葛亮传》也是一篇用心做的文字。这篇最后一大段记李平的父亲被杀于诸葛亮，而李平还是很爱戴孔明的，由此可以见孔明大公无我，一片至诚。所谓“以生道杀人，虽死不怨杀者”，这种办法比自己下批评好得多。

做一篇传如果能三方面都顾得到，一定是一篇好文字。

还有一件要讨论的事：做传记文纯粹记事好呢？还是夹叙夹议好呢？我以为文章正格是不下议论，不得已时也可夹叙夹议。太史公便兼用这两体，如《伯夷列传》《管晏列传》《屈原列传》皆是如此，这是例外。好文章是不下批评，但忠实地写出，令读者自见（说出方减少阅者趣味），最妙是寓批评于叙事之中。如：

《三国志·荀彧传》。荀彧辅佐曹操，操的功绩十有七八是他做出来的，到后来曹操要加九锡，他不赞成，饮药而死。《三国志》写得最妙，只在本传最后二句（荀彧既死之后）大书特书道：“明年太祖遂为魏公矣。”并没有说荀彧乃心汉室，也不说曹操想篡位，荀彧反对他，只反衬一句说，荀彧既死，明年太祖遂为魏公，便见得荀彧一日不死，曹操一日不敢篡位。这是何等灵妙。

《史记·魏其武安传》。这篇也是《史记》中超等文字，写窦婴、田蚡、灌夫三人都活现纸上。写田蚡的骄横（田蚡以外戚做当朝宰相），足令读者心中抱不平，若在不会作文的人，写到田蚡骄横的事，少不得要臭骂他一顿。《史记》只在末了记田蚡死后发见他一件不妥的事。帝曰：“武安侯而在者族矣。”（武安侯是田蚡封爵）上面并未说武安侯如何的坏法，而罪可至灭族，只借汉武帝口中的话轻轻地一点，便令读者全身松快。这才是传记中的议论和批评的良法。照《屈原列传》之类，便是二等以下的文字了。

五、记事文

记事文以事为中心，记两人以上之事，有时间的经过及相互动作，于看出这事的因果有关系。

凡记事不是记一件事，是记一组事，一件事没有可记的地方。比如账簿上面记某日买豆腐几个铜子，这不成记事；必须记今朝豆腐多少，明朝买豆腐多少……将多次买豆腐的事记起来，做一个买豆腐表，这才是记事。或者记用多少钱买豆腐，多少钱买油，多少钱打米……合起来成为每天日用，也是记事。

如孔子《春秋》：“元年春王正月。三月，公及邾仪父盟于蔑，夏五月，郑伯克段于鄢。……”这一类记事做已往的历史则可，却不能算是文章，作文必须记许多的事，分组的许多事。分组标准有二：

1. 单组事时间的段落。

2. 复组事空间的范围。

记事文的做法重要的原则有四条：

第一理法

分事前、事际、事后，斟酌详略，说明它的因果。做事的时间总有此三阶段，事前为因，事后为果，事际是由因得果的关键。记事文的通例，记事前最详，记事后次之，事际最略。这是什么缘故？有两个理由：

1. 因为有因，当然得果。譬如二加二必定等于四，能说明因，那果便不叙而明。所以记事文记事前要详，果是人所求的，其重要次于因，所以记事后亦须较详，事际不过说明因果关系和进行之迹，所以可略。

2. 不独理论上是这样，一事在事实上所占时间的比例也是如此。一人做事，预备的功夫一定比实行的时间多。即如我今天这几张稿子，只够讲两个钟头，我昨晚一夜没有睡，才预备出这一点大纲。在昨晚以前，我对于这个问题处处留神，那时间更不知花费多少，至于结果如何，便看诸君听了之后怎样实行，现在还不能预料。所以记事文事前要详，事后次之，事际最略。

第二理法

凡是足以说明因果关系的，虽小必叙；凡是不足以说明因果关系，虽大必弃。这一条是讲选择的方法。

第三理法

要审定这事的性质，是以一人为主体，还是以两人或多数人为主体？若是以一人为主体，便以一人为中心，两人便有两中心，多数人便有多数中心。这层要看清楚。

第四理法

要注重心理现象。一事的成功，当然有物质的关系，然最重要的便是人的心理。人的心理是事的原动力，所以记一事不能只看物质上的变化，要看做事的人的心理如何，及其影响到别人的心理如何。

现在要说明这四个原则，非举例不可，但是举例很难。战记是记事文中最复杂的，现在举《左传》《通鉴》中间几个大战为例（注意共同的原则）。

第一理法　战记例分三段：（1）战事初机和战前预备（事前），（2）战时实况（实际），（3）战后结果（事后）。《左传》和《通鉴》记战前最详，常常占全篇十分之七以上，最少也在二分之一以上。叙结果至多占全篇十分之二三，最多至二分之一。叙战况少则不到十分之一，最多不到二分之一。

第二理法　战记以说明胜败的原因为主要目的。所以说明胜败原因的，虽小必叙，否则，虽大必弃。

第三理法　战事有纯粹出于一个人的意志的，有出于群众心理的，应当观察清楚。

第四理法　战事胜败。心理的感召居第一位，物质的感召次之。即如老袁做皇帝，大家说他必败。这次张作霖和吴佩孚打仗，连他的部下在未战之前已预料必败。所以做战记固然要写物质上的胜败，而最注重的还是两造的心理。

下面再举十几个例，拿《左传》和《通鉴》中八大战（《左传》韩原、城濮、邲、鄢陵，《通鉴》巨鹿、昆阳、赤壁、淝水）互相比较，说明这四条原则。

例一：韩原、城濮、邲、赤壁、淝水诸战，记战前的事都极为详细（差不多占着全篇的三分之二），记战事很略。韩原之战，四十一字；城濮之战、赤壁之战、淝水之战，都不过一百多字；邲之战最略，只有七字，并且这七字也是空的，只说："车驰卒奔乘晋军。"此外别无战争实况。因为这场战争，双方都不愿打仗，议和空气很充满，忽然打起来，完全是无意中弄出，所以只能用这空洞的话表当时实况（实际本是如此，不能多说）。

例二：鄢陵之战、昆阳之战，写战事最详，差不多占全篇三分之一以上，将近二分之一，各有特种原因，下面再为说明。

例三：韩原之战、淝水之战，记战事都很详细，韩原之战占篇三分之一以上，淝水之战占全篇三分之一，也各有特种原因。

韩原之战秦国虽打败了晋国，但是本没有立定主意打胜仗，晋国虽败，但是晋国人并没有败，只是晋惠公一个人愚蠢打了败仗。又因为晋惠公本是秦穆公的小舅子，穆公打了胜仗，本想把惠公捉回国内去，穆公夫人听见捉他的弟弟来了，气得要寻死，弄得事情不好办，后来想出许多的方法，才将这事解决下来。照这样结果，很是麻烦，非预料所及，所以不能不详细。

淝水之战秦国打了败仗倒也罢了，想不到因这一场败仗，本国便分裂了。本国分裂，本不在战事范围以内，然因分裂是直接受战败影响，不能单独叙出，所以不得不详叙在这一场战事之后。

例四：城濮之战、赤壁之战，所记的都是很庄严的大事，一点玩意儿都没有，这是因为这两场战事两边都是大员，大家用心计划，并且战时都照着原定的计划而行，所以专记正经大事。

例五：邲之战，专记两方开玩笑的事。一面要打仗，一面要和；一面议和，一面挑战；一面打猎，一面进酒。这是因为战记最要将胜败的原因写出，而邲之战胜败的原因完全是从开玩笑来的，所以不能不这般叙出。

例六：巨鹿之战、昆阳之战，记得很可笑。巨鹿之战，只见一项羽；昆阳之战，只见一光武，彷彿戏台上唱独角戏一般。这是因为这场战事的确都是一个人主动，其余的人不过摇旗呐喊之辈；并且这二人一生的功名发轫于此，所以叙战况不得不详。正如唱独角戏时，台上只有他一个人，他的唱做不得不长。

例七：韩原之战、淝水之战也是专叙一人。晋惠公和苻坚都是主帅，因为他们两个举动不对，便打了败仗，这便是胜败原因所在，所以专叙这两人。

例八：赤壁之战，吴蜀联兵是主体，所以写两方面君臣（刘备、孙权、诸葛亮、周瑜、鲁肃五个人）都很详细，写得同样的重要，并且写出协同动作的精神。至于对面曹操如何动作，不便特叙，只由孔明、周瑜的口中讲出，这叫做宾主分明。

例九：鄢陵之战，是主帅无计策，完全由人自为战得胜，所以写出许多有才的将官，在一共同目的下，各人自由动作，好像合一大群人跳舞，或分组跳舞一般。

例十：邲之战写得有趣。一部分人轻躁、暴烈，一部分人很好，分主战主和两派，后来主和派失败，结果晋国打了败仗。败的原因是由于主帅无能，不能驾驭群师。所以这篇文写几个暴烈分子都很有本领，战败之后各人的动作都很好，反衬出主将不得其人。

例十一：城濮之战、鄢陵之战，战胜国所处的地位都是非胜不可，并且人人有必胜之心。城濮之战所对的最是劲敌，所以极力写他对外的手腕、军队的布置、种种心理上的计划。赤壁之战，写法亦同。

例十二：巨鹿之战、昆阳之战，敌人势力浩大，似乎万万没有能胜之理，反衬出项羽、光武二人心力之雄大。

例十三：韩原之战、淝水之战，都写本军空气之坏，惠公未战之前已有人料他必败，苻坚要攻打晋国，他的夫人不赞成，太子不赞成，满朝的人不赞成，乃至小孩子与和尚都劝他不要去，读者一望而知苻坚是不能打仗的了，在这种心理作用范围之下如何能胜，亏他把这种情形传出。

六、论辩之文

论辩之文，是自己对于某种事件发表主张，或修正他人的主张，希望别人从我（论辩文的效果是要能得人赞同）。凡分五种：

1. 说喻
2. 倡导
3. 考证
4. 批评
5. 对辩

说喻之文

说喻之文是对于特定的一个人或一部分的人，发表自己的意思，劝他服从某道理，或做某件事。

如政府说喻百姓（命令告示），百姓上书政府请愿，学校中先生令一群学生应明晓某种道理，或对于特定一人或一班学生令其做某件事，以及朋友往来函札互相规劝或讨论学说之类，都是此类文字。

倡导之文

倡导之文是标举一种政策或一种学术，树堂堂正正之旗，对于全国人（非特定人）或全世界人，乃至将来之人，发表意见。如周秦诸子著书立说，墨子倡兼爱，老子倡无为，皆是此类。此类文注重普遍性，如现在有人主张国家主义或社会主义，并非对于现在中国的情形而言，乃认为天下真理所在，无论何国皆应如是。

考证之文

在五种论辩文之中，其余四种文字常常要用考证，因为无论何种文，不能不用考证（非篇篇皆须考证，有许多已公认之理，无须考证，有许多非考证不可。如讲过激主义现在不能用，空嘴说白话人家不能相信，必须将俄国经过的坏现象说出才好。假使说劳农政府好，也必须列举俄国的好处来证明）。考证差不多是论辩文之中坚，不用考证，很难做来一篇圆满的文字。有许多文字专做考证，专考一事供给别人或自己倡导批评之资料。

批评之文

说喻和倡导都是自居第一位，批评之文有三种：

1. 自居于第二位者。人家有一说喻或倡导，我来批评他。譬如你说军国主义好，我说它坏，是谓驳难的批评，属于此类。

2. 自居第三位者（超然的）。两方面互相争辩，我拿公平的眼光批评两边的长处和短处；或人家出版一部书，我对于这书不立于反对地位，特将书中要点提出，对于书中好处表示赞同，不好的地方表示反对，皆是此类。

3. 纯粹以历史的眼光来观察，并无第二位、第三位之关系者。如评白香山的诗，既非附和，又非赞同，不过看它在文学界中与人不同之点，和它的价值如何。

对辩之文

对辩之文，是答人家的批评；或不待人家批评我，而我先算到将有某种某种非难一一驳斥之。

这一类文在中国很少，外国很多：如柏拉图《苏格拉底》常用之。设为主客问答，通篇辩论到底，在中国便没有这种文字。《两都赋》和《七发》虽用问答体，但皆纯文学之类，不是辩论道理，不能称为对辩文。周秦诸子用问答体的很多，如《墨子·非乐》即是此体。又如《孟子》七篇亦常用问答体，然非全篇皆是两边对辩，也不能算纯粹的对辩文。

中国要找纯粹对辩文，只有桓宽的《盐铁论》。这部书很有趣，是东汉人记西汉事，记的是汉武帝的时候将盐铁收归国有，武帝死后，贤良文学建议主张废除，于是开会讨论。政府方面出席的是丞相和御史大夫，首由贤良文学发言请求废止，次丞相答辩，又次贤良文学申说，丞相又答。照样反复辩论，针锋相对，到后贤良文学发言，丞相不能驳回，御史大夫立起身来说一段，直到最后发言的一人而止。中国有这部书，在文学界中也很有体面了。

论辩之文最要条件有二：

1. 耐驳

2. 动听

耐驳要经过思想内容之整理，动听要经过技术上之整理。现在先讲耐驳：

（一）耐驳

论辩是希望人家从我，最好是将他不从我的理由驳倒，使我所说话人不能驳斥，始能达到这种目的。若要想说出话来人不能驳，必须应用论理学。

《因明颂》说：

能立与能破，及似唯悟他。

这两句话有点难懂，先解释一下：能立是自己的主张能够立起，能破是人家的主张我可以打破。为什么要立要破呢？都由于要悟他。“及似”二字怎么讲呢？一般人讲话有些似乎能立而立不了，似乎能破而破不了，这叫做似能立似能破。真与似都是由于悟他，所以说能立与能破，及似由悟他，我刚才所讲的论辩文的定义也从这里偷来的（发表主张是能立，修正他人主张是能破，希望人家从我是悟他）。

要想悟他，必须能立能破。如劝老太太不要到鸡鸣寺烧香，必须说出理由来破她的迷信。又如劝人到东南大学大礼堂来听讲，须立出道理来劝他。这层便不容易做到，要有种种法则。自己的思想在脑中先须转过多次，再想出方法将脑中思想条理整然的发表出来，才真能立真能破。平常人的思想不过似能立似能破而已。论理学便是教人真能立真能破，所以要做论辩文，必须用一番功夫去研究论理学。

应用论理学来做论辩文分两层：（甲）自立，（乙）应敌。不管能立能破，都要如此。

自立

论理学应用到作文，是在真确的事实之上施行严密的推理，拿妥当的形式发表出来。如此说可将自立分三段解释：

1. 妥当的形式。我们主张一件事最妥当的形式如下：

某事应当怎样做，因为……

如云学生应有自治会，只讲这句话不能使人信服，必定要跟着说明为什么什么。在论理学三段论法的形式如次：

(1)大前提

(2)小前提

(3)断案

譬如说凡人终须死（大前提），诸君同我都是人（小前提），所以诸君同我有一天大家都要死（断案），这是拿论理学的形式排列起来的。平常说话只说我们都要死，即是先将断案提出。譬如我说梁某终须死，因此理本来明白，无人反驳，大前提便可省去。若有人反驳，即告诉他凡人都要死，梁某是一个人，所以不能免，那形式便严整了。

发表形式最普通的必有此三段的形式。

中外论辩文皆是如此，长的文字是三大段中各包小段，小段中又有小段，合无数的三段论法而成。

做文时须自己审察有没有违背三段论法（这是另一学问，非一时所能讲得了的），不合便容易破。

2. 真确的事实。徒有形式还是不够。如老太太上鸡鸣寺烧香，他的三段论法是：

> 观音菩萨能消灾解难（大前提），
> 上山烧香，观音菩萨必定心喜（小前提），
> 所以拜观音必能消灾解难（断案）。

形式上一点没有错，然而不能说它是对的，可见不依据真确的事实是不行的。

作文不难于下断案，而难于大小前提之正确。譬如说：

> 联省自治是共和国唯一的办法（大前提），
> 中国是共和国（小前提），
> 所以中国必须联省自治（结论）。

本来只要几句话可以了事，然文章不能照这般简单，是什么缘故？是因为大前提中有问题，并且这问题很大，共和国都是联省自治吗？联省自治有坏处没有？要答这两个问题，必定要费许多笔墨，从此可以晓得文章之所以长，没有别的，是为内容求真实。若求形式不错，是很容易，很机械地整理语言次序便够了。

又如说：

> 基督死去了（断案），
> 因为基督是人（小前提），
> 凡人皆要死（大前提）。

这形式也是不错，这里面的大小前提有无问题呢？若以孔子为例，是没有问题的；然在基督徒，绝不承认这般办法。你们的孔子可死，我们的基督不可死。基督是上帝儿子不是人，于是小前提发生问题了。我们要和基督教徒辩论，怎么辩呢？你说基督不是人，我们便先下一个人的定义：如此这般是个人，再找基督是人的证据，凡人都有眼睛，有手，基督有没有？凡人都要吃饭、睡觉，基督要不要？一件件地比起来，基督都和人一样。再看基督有没有和超人相同的地方，超人是如此这般，基督和他不同，于是基督是超人不成问题。再研究到超人问题，如何而后为超人？照这样一件件地研究下去，决断他不是超人，我的说立，他的说破了。

上面是讲小前提能发生问题，而大前提亦可发生问题。如承认梁启超必死，必先承认凡人皆要死的大前提。这个凡人皆要死的大前提，在现今科学发达已经不成问题，然在前数十年的中国，这问题还大得很呢！数十年前中国有一部分人信有神仙不死（如吕纯阳），世间既有不死之人，即梁某之死与不死便不能定了。文章中有论辩文一体，便是看大小前提是否正确；然做真能立真能破之文，必须拿真确实的事实做基础（考证的工夫便是用在此处）。如说：

人为万物之灵。

问它何以故？在中国旧学可以答出十几二十个“因为”。在西洋希腊罗马也有几十个“因为”（如人为天地中心之类）。我们要想破它，空话是不行的，必须根据达尔文的《种原论》[①]，说明动物如何进化而成人，证据确凿，人家驳不了，才能将“人为万物之灵”之说打破。徒说空话，没有做论文主体之价值，已公认之事实也没有做论文主体的价值。譬如说中国非自强不可，这是大家公认的事实，无须讨论。

3. 严密的推理。拿真实的事推论出去，由甲种事实推出乙种事实所生之影响，如要说：

中国非打倒军阀不可。

先要将教育实业……种种被军阀摧残的事实一一罗列出来，一面再看到反面的事实：从前中国没有军阀是如何的情形，现在的欧美没有军阀是如何情形，一一举出。再讨论中国要不要教育？要不要实业？……一层层地由各方面推下去，才可以下“非打倒军阀不可”的断案。断案不难下，而难于寻出因为什么。有时因为不只

① 今译《物种起源》。——编者注。

一端，便写个一因为……二因为……

应敌

说一句话总须预备驳难，这叫做应敌。应敌原则有两条：

1. 忌隐匿。有许多人作文的时候，自己知道他的主张有不圆满的地方，便含糊说去，希望人家找不出他的缺点，这种办法在不要紧的文章不希望生效力则可，否则绝不能行的。作文时必须自己先想到种种人家要驳我的话，用难者曰一类的话一一驳去，能有几要点被我驳倒便好了。如若隐匿证据或推理的路径，结果总是自己上当，一定在隐匿之点被人攻破。

2. 忌枝节。要说什么便说什么，切不可枝枝节节说到别处去。你本要悟他，别人不知道你说的是什么，怎么能悟？大概自己所说的话怕被人驳斥，心里怀着鬼胎，口中便闪烁其词，如孟子讲性善，他的学生举出三说来驳他：一说是无善无不善，一说是性有善有不善，一说是性可以为善可以为不善，这三说都可以驳倒孟子的学说。孟子被他们驳得很窘，只说道："乃若其情，则可以为善矣……若夫为不善，非才之罪也"，这种模棱两可的话令人不知所云；并且论的是性，何以说到才呢？还有一次，万章问："尧以天下与舜有诸？"曰："否。"我们便要看他说出什么理由来了，哪知道他只说："天子不能以天下与人"，这好像问张三杀李四没有，答道人不应该杀人，真个驴头不对马嘴。《盐铁论》有三分之一是大家翻脸的话，有时贤良文学驳不过丞相，立起来大骂一顿；有时丞相驳不过贤良文学，也立起来大骂，幸亏秘书长御史大夫出来讲和，请他们闲话休提，言归正传，究非论辩文的正轨。

（二）动听

同一内容，写出来能动人与否，要看各人的技术如何。这已近于巧，然在技术上也有许多规矩，规矩明白了才能谈巧。这规矩有四种：

1. 急切

2. 明晰

3. 注重

4. 对机

急切

文章最要令人一望而知其宗旨之所在，才易于动人。如向人借钱，晤面之后不说来意，先寒暄半天，等人家听得倦了，然后再讲到借钱，不如一会面就说借钱，比较爽快一点。“博士卖驴，书券三纸，不见驴字”，人既不知所云，怎能动听？作文时最好将要点一起首便提出，次则早点提出。

如《荀子·性恶》篇起首便说：“人之性恶，其善者伪也。”开门见山，提起人的精神，使人非看不可。

李斯《谏逐客书》起首便说：“臣闻吏议逐客，臣以为过矣！”下面列举客之有益于秦，的确是不能破。

如若要说的话不敢说，先绕几个大弯，便是很坏的文章。八大家和明代的八股大家论一事差不多都要从盘古开天地说起，自以为大气磅礴，实是最拙（它的好处便是驳无可驳，前清时所谓拿不着辫子）。

明晰（条理清楚）

凡主张一说，必不止一种理由，必从几方面视察而来，最好是照思想的路径写出。如要说东南大学有扩充之必要：先从空间着想，对于中国全局有什么必要；再从时间着想：东南大学对于现代有什么必要；或从南京这地方看：南京在地理上必要怎样，在历史上必要怎样……这些理由一一列出。一个大的理由可以包小的理由，亦须跟着写出来。如地理可分军事、文化、工商等；文化又可分过去、现在、将来，如此推去，又有多条。自己的主张有多少要点要写清楚，使人不至误解。

注重

平列许多思想，初浅后深，层次分明，这是明晰法。

一篇文中不只写一种理由，理由中有许多不必说明的，有许多应该说明白的，平均写下，常不能引起别人注意（如绘画须有浓淡，声调须有高低）。作文时遇不注重的理由和人人明白或对面人承认的理由，可以轻轻放过，必找出一二点人不明白的或和常人所见不同的地方，用重笔提起，自能动听。

对机

见什么人说什么话，叫做对机。同是一句话，对甲说和对乙说不同，对大学生说和对中小学生说不同。同一篇演说稿，在东大与北京所生的效力不同。同是一句话，春秋人说出没有价值，现在欧洲人说出大有价值。作文时先须看自己所作的文要给何人看。譬如在前清上皇帝书，引几句雍正上谕或乾隆上谕，他心里纵不快活也不敢驳回；若在民国，便不免被人唾骂了。又如前五六十年时作文引墨子《兼爱》的话，人必大骂，现在便不然了。对大学生讲几何定理，是人人能懂的，中小学生便不能明白。拿小孩子所说的话讲给成人听，也觉得好笑。所以作文或著书时是为一时还是为永久，是给一部分人看还是给全部分人看，先要弄清。

七、教授法

我自己教授的经验很缺乏，教授中学更没经验。我这教学法不能见得实用，不过对于现在教学的缺点订正一下，供中学教员的参考。

（一）教授要分类分期

现在中学教国文的大概先教近代文，次明元宋文，一直逆溯到古代，否则便由教员东选一篇西选一篇。这两种办法都不对。先教近代后教古代，是以为近代文易于古代，却不知道古代文不一定都是难懂，近代文不一定都是容易懂。若是要东选西选，结果便是一种都不到家。我主张一学年有两学期，一学期教记述文，一学期教论辩文，由简单而复杂。记述文先静后动，论辩文先说喻、倡导，而后对辩论小事的在先，论大事的在后，使学生知道理法，可以事半功倍。

（二）每学期开始教以作文理法

先教学生以整理思想的主要条件，使他知道看文如何看，作文如何做，等讲到一类文章的时候，便特别详细说明这一类文章的理法。

我近来所讲的总有一部分可以适用，不过讲的很简单。我愿意将来用一两个月的功夫，做一部新文章规范，或可更有所发明（无论何人，只要肯研究，必能发明原则）。

教员不是拿所得的结果教人，最要紧的是拿怎样得着结果的方法教人。小说中有一段故事最好：吕纯阳有一天看见一个人根器很好，便要度他，先试他一试。以指点石成金，问他要不要。这人回他不要。吕纯阳以为这人毕竟不差，再拿大一些的石点成金子试他，他还是不要，如是数次，吕纯阳大喜，以为这人真正不差了，便问他：究竟要什么。他说："我要你的指头。"教学生不能拿所点的金给他（金子虽多终有尽日），非以指头给他不可。善于教人者是教人以研究的方法，或者他所得的能和你一样多，或可看出你的错处。拳师怕教会学生打师父，总要留一手看家拳，这是不对的。教学生就是要教会他打师父。我以前所讲的是认识研究文学的路子。梁某的指头如此，诸君当能补我所不及，或看出我的错处。不过你用我这方法去研究，或可推翻我的方法；如若不用，那便无法可想。我很愿意在我这书未出以前，诸君用我所讲的方法来教学生，使学生会打师父。

（三）令学生阅读（分组比较）

上堂的时间有限：一点钟的课，先生上堂迟一点，下堂早一点，不过四十分钟。一篇长文读一遍亦须三十分钟，若再要一句句地讲，不但做不到，亦且不必（小学生虽讲也不懂，中学生不必讲）。讲文太花费时间，而且使学生讨厌。我主张教学须启发学生自动地在讲堂以外预备（各门教授都应如此），须选文令学能多看，不能篇篇文章讲，须一组一组地讲。讲文时不以钟点为单位，而以星期为单位。两星期教一组，或三星期教一组，要通盘打算。譬如先讲记静态之文，选十篇（或专选同类的或不同类的）令学生看，先生教他如何看法

（观点何在，时间空间关系如何），拿一组十篇做一比较。令学生知同是一类的文，有如此种种不同；或同一类的题目，必须如此做法。不注重逐字逐句之了解，要懂得它的组织。

（四）用讨论式的讲授

一组文既令学生看过，若在程度稍低的学生（前二年级的学生），有看不到的地方，教员上堂时将一组的文章细细地比较，讲给他听（不是一篇一篇讲的，乃是十篇合讲）。程度高一点的学生，看过之后，令他上堂讲（如此教法，那聪明的学生见识或在先生之上）。学生讲后，先生批评他讲的对不对，最后先生比较十篇，说明要点所在。

照三四两条办法，学生每篇文必经过几度研究。于文的思想、路径、发动、转折、分析和总合，皆可懂得。若有几百篇文，学生真能懂得，没有不会作文的。

（五）教材选择

几千年的好文章很多，哪种文好我不敢讲，哪种文能选也不好讲，不过哪种文不能选，倒可以讲一讲。

1. 绮靡之文不可选。如六朝文、骈文，大都本无话说，而以辞藻填满，在纯粹文学不无价值，但不能教学生。

2. 带帖括气之文不可选。此种文是科举时代用以取人才者，从汉以来便有对策，此类都是拿本不愿说的话勉强说出，而要说的话不说，极其不自然。不过汉代的对策坏的已经不传，传的那是好的，所以帖括气尚不多，从唐朝以后，帖括气日重一日，这类的文无必须说的话而说的，都不能要。

唐宋八大家的文属于这一类的很多，如韩愈的谈墓之文，思想内容都没有，本不要作文，因为人家送他几百元，便不能不做；且因作惯这一类文，便连别的文也是这般作法，所以我不取它。三苏对策的文很好，但是无论何文都用这一套，也是很可厌。

3. 矫揉造作之文不可选。本用这个字，因这字不雅驯，便另换一字；或这句本须十字，嫌其冗长，改短一点。这类文非排斥不可。从前老先生教人作文须改字，名叫修辞。宋人有一故事可资谈助：这故事说，有一人大书门首道："宵寐匪祯札闼鸿休"，问其所以，本是"夜梦不祥书门大吉"，纯以它字代之，便成为不可解的词句。

这一类的文字真是可厌。还有自古相传为美谈的一件事，宋代欧阳修、王安石、苏轼一班人，一日在街上看见一匹马赤脚乱跑，踏死一个人，各人回家记这件事。有记到百字的，有二三十字的，欧阳修又记得“逸马杀人于道”六字，于是大家佩服。从言简意赅方面看，欧阳记得确是好，但是文章不见得简的便好，那记成二三十字的、百字的可惜不传，不见得没有好文章。古来许多名文，我们都嫌其太简。如欧阳修的《五代史》，我实在不敢恭维，我可说《五代史》是最坏，因为他句句要学《春秋》，要用“逸马杀人于道”的笔法。不知孔子的时候，没有纸墨笔砚，著之竹帛是一件难事，所以越简越好，后人何必学他呢？“逸马杀人于道”很冷静地记事，固然很好，然同时许多很重要的活动被他去掉了。《五代史》便犯着此病，这便是矫揉造作之文。教材重要部分如次：记述文以《左传》、《通鉴》、四史传志为主，《史记》的列传有三分之一可选，《汉书》《后汉书》《三国志》的传志有四分之一可选。此外，二十史的传志也有许多可选，此外多选书序或提要（如《四库全书提要》可选的至少有二三十篇，戴东原所讲的天文算学差不多篇篇可选）。

游记及杂记（如《水经注》，和柳子厚的游记，韩、柳的杂记，近代魏源的《圣武记》，王闿运的《湘军记》），近人记事文和劄记（如金人瑞短文和劄记），以及我们的文章，或有能引起学生趣味的，皆可选。

论辩文教材最要的便是周秦诸子（周秦诸子近经多人校勘注解，读之并不多费力）。诸子中以《管子》、《墨子》、《荀子》、《韩非子》、《孙子》、《商君书》、《孟子》及《战国策》为主，选其比较易懂并且合论理学法则的。如《墨子》的《非乐》《非命》《尚同》，《荀子》的《解蔽》《礼论》《乐论》，都是条理整齐。《孟子》长篇如《许行章》是极好的文学。《韩非子》好的亦多（大概百篇论辩文，周秦诸子可选得三十篇）。其次《论衡》、《盐铁论》、《潜夫论》和仲长统的《昌言》、刘知几的《史通》都可选。《论衡》有时嫌琐碎，但它的批评精神在中国很难得：遇事用客观的眼光批评，鞭辟近理，有许多篇可选。《昌言》和《潜夫论》两种，《后汉书》中所选的都可选。《史通》以文而言，还带一点六朝骈体习气，但这书内容很丰富，证据多而判决明，能全部看最好。

此外论事之文，如汉人奏议（如晁贾乃至扬雄之奏议）、汉人书札、魏晋间的论文都好。唐代柳子厚的《封建论》很好，此外，唐文好的尚多。在清代我推荐四人：汪中、章学诚、魏源、曾国藩。汪的《述学》、章的《文史通义》，几乎篇篇都精到谨严；曾国藩虽学八家，然他的才气和理法都好，没有空话。其次推考据家的文（教学生作文这一类也不可少，使学生看他思想如何整理，如《古文尚书疏证》可选出几段给学生看），还有专用归纳式的考证派，归纳许多事证明一事的真妄。如高邮王氏父子（王念孙、王引之）专用归纳论理学做经学，读古书。他们著的《读书杂志》《经传释词》《经义述闻》都是极好的书，作文的人应该看的。《经传释词》一书是文法之祖，以前没有人注意过。学生应受这种训练，才能将散在各处人不注意的事聚集起来，发明一种学术。我主张选考据之文便是这个道理。此外近人著作讨论近代问题，学生读了很有趣味，且可得新思想，亦可选读。

选文并不要依时代的次序，要分组选。十篇之中一篇是《左传》，一篇是《史记》，一篇是新文字……都不妨事。

以上讲教授法，以下讲教学生作文法。

（六）每学期作文次数至多两三次

现在中学生至少一星期作一篇文，不但中学生作不好，便叫我作也必定越作越不通。我主张每学期少则两篇，多则三篇，每一篇要让他充分地预备，使他在堂下作，看题目难易，限他一星期或两星期交卷（我是教学生作文，不是防他做贼，没有充分的预备，在年轻的学生脑筋锐敏或可作出，我便不能）。

多作学生便要讨厌，或拿一个套子套来套去。我主张少作，是作一次必将一种文作通，下次再作别一种文。如此便作一篇得一篇的好处，尚有补助法，使学生在课外随意做笔记，以为作文的补助，比出题目自然得多。

（七）作文的预备由先生指导

作文要有内容，要有许多材料才能做。材料少的时候，先生要供给材料。如记事之文，使高师附中学生做南高附属中学记，材料是现成的，先生只要教他去取材料的标准便可。如使附中学生做日本高等师范记，先生必须将日本高师的材料供给他（或书或口授），使他和本地高师比较一番。最好的方法是使学生拿正史和《资治通鉴》对看。如赤壁之战，《通鉴》所取的资料是《三国志·周瑜传、鲁肃传、孙权传、诸葛亮传》等，先使学生看这几篇传，将关于赤壁之战的事摘出，看哪段应该要，哪段不应该要，先后的布置应当怎样，然后再看《通鉴》，便可恍然大悟哪段应取而没有取，不应取而取，以明先后布置的方法如何了。

又如淝水之战，取材大略在苻坚、苻融、王猛、慕容垂、姚苌、谢安、谢玄诸传中，使学生照上面方法先看诸传，再看《通鉴》怎样组织，必定大有裨益。这好像带学生参观纺纱厂，先看一堆棉花，次看他如何变成粗纱，次看他又如何变成细纱一般。《三国志》是由棉花成纱，可惜现在棉花已不可见了！《通鉴》是由纱成布，我们如今不能见棉花成纱，只能见棉花成布了。

（八）命题的标准

最好是本地风光，如作记述之文，最好是记学生旅行过的地方，或读过的书。论辩文最好是论与学生有关系的事。不过这种办法有时而穷，要另外出题时，先生要告诉他们如何作法。记事文本难做，最好是将散事使学生合拢（此最可为学生整理思想之用）。这一类的题目在历史上极多。简单的题目，如“巨鹿之战”，如“刘项相争始末记”，材料现成，不过做出来很短；若要学生做长篇文字，材料不能不特别供给，最要是养成学生整理思想的习惯。

论辩文最好的题目是两边对驳，题要切实，不可空泛。“如中国宜自强论”之类，空而不能驳，最坏。如“鸦片宜禁止论”，不空而不能反对，也不好。最好的题目如“中国应联省自治论”之类两面都有话说，方不枯窘（论辩文之题要成问题乃可，不能反对的便是不成问题，不能做论题）。

题的深浅要按学生程度。

一题可做数次，记述文分各种观点做，论辩文分两面做，如此则对于一题面面想到，万分了然，可以使学生会做一题目，会做一题便会做一百个题目。现在教学的毛病，便是学生不能做一题。

（九）文言白话随意

我主张高小以下讲白话文，中学以上讲文言文，有时参讲白话文，做的时候文言白话随意。因为辞达而已，文之好坏，和白话文言无关。现在南北二大学，为文言白话生意见。我以为文章但看内容，只要能达，不拘文言白话，万不可有主奴之见。

（十）评改宜专就理法讲，词句修饰偶一为之

改文时应注意他的思想清不清、组织对不对，字句不妥当不大要紧（因为这是末节）。偶然有一二次令学生注意修辞未尝不可，然教人作文当以结构为主。

我这次讲演，一因为时间短少，二因为没有预备，三因为这是创作，以前的人没有这样地研究过，所以我自己觉得不满意的地方很多。很希望诸君将我所打开的这条新路开大一点，那我便很荣幸的了。

附录

中国韵文里头所表现的情感

目　录

序

本学期在清华学校讲《国史》，校中文学社诸生请为文学的课外讲演，辄拈此题。所讲现未终了，讲义随讲随编，其预定的内容略如下：

一、导言（上）

二、导言（下）

三 奔迸的表情法

四、回荡的表情法（上）

五、回荡的表情法（下）

六、附论新同化之西北民族的表情法

七、蕴藉的表情法

八、附论女性文学与女性情感

讲稿皆于著史之暇闲日抽余晷草之，其脱略舛谬处自知不少——即如第三讲中论奔迸的表情法所引

《陇头歌》，细思实当改入第四讲中论吞咽式表情法条下——今因《改造》杂志索稿，匆匆检付，无暇复勘校改。惟自觉用表情法分类以研究旧文学，确是别饶兴味。前人虽间或论及，但未尝为有系统的研究。不揣愚陋，辄欲从此方面引一端绪，其疏舛之处，极盼海内同嗜加以是正。

校中参考书缺乏，且时日匆促，故所引作品仅凭记忆所及，读者幸勿责其罣漏。

民国十一年三月二十五日在清华学校，启超

一、导言（上）

天下最神圣的莫过于情感：用理解来引导人，顶多能叫人知道哪件事应该做，哪件事怎样做法，却是被引导的人到底去做不去做，没有什么关系；有时所知的越发多，所做的倒越发少。用情感来激发人，好像磁力吸铁一般，有多大分量的磁，便引多大分量的铁，丝毫容不得躲闪，所以情感这样东西可以说是一种催眠术，是人类一切动作的原动力。

情感的性质是本能的，但它的力量能引人到超本能的境界；情感的性质是现在的，但它的力量能引人到超现在的境界。我们想入到生命之奥，把我的思想行为和我的生命迸合为一，把我的生命和宇宙和众生迸合为一，除却通过情感这一个关门，别无他路，所以情感是宇宙间一种大秘密。

情感的作用固然是神圣，但它的本质不能说它都是善的，都是美；它也有很恶的方面，它也有很丑的方面。它是盲目的，到处乱碰乱进，好起来好得可爱，坏起来也坏得可怕。所以古来大宗教家、大教育家都最注意情感的陶养，老实说，是把情感教育放在第一位。情感教育的目的不外将情感善的、美的方面尽量发挥，把那恶的、丑的方面渐渐压伏淘汰下去。这种功夫做得一分，便是人类一分的进步。

情感教育最大的利器，就是艺术：音乐、美术、文学这三件法宝，把“情感秘密”的钥匙都掌住了。艺术的权威，是把那霎时间便过去的情感捉住它，令它随时可以再现；是把艺术家自己“个性”的情感打进别人的“情阈”里头，在若干期间内占领了“它心”的位置。因为它有恁大的权威，所以艺术家的责任很重，为功为罪，间不容发。艺术家认清楚自己的地位，就该知道：最要紧的工夫是要修养自己的情感，极力往高洁纯挚的方面，向上提挈，向里体验，自己腔子里那一团优美的情感养足了，再用美妙的技术把它表现出来，这才不辱没了艺术的价值。

二、导言（下）

我这篇讲演说的是中国韵文里头所表现的情感。“韵文”是有音节的文字，那范围，从《三百篇》《楚辞》起，连乐府歌谣、古近体诗、填词、曲本乃至骈体文都包在内（但骈体文征引较少）。我所征引的只凭我记忆力所及，自然不能说完备，但这些资料不过借来举例，倒不在乎备不备，我想恁多也够了。我所征引的都是极普通、脍炙人口的作品，绝不搜求隐僻，我想这种作品最合于作品代表的资格。

我这回所讲的，专注重表现情感的方法有多少种？哪样方法我们中国人用得最多，用得最好？至于所表现的情感种类，我也很想研究，但这回不及细讲，只能引起一点端绪。我讲这篇的目的是希望诸君把我所讲的做基础，拿来和西洋文学比较，看看我们的情感比人家谁丰富谁寒俭？谁浓挚谁浅薄？谁高远谁卑近？我们文学家表示情感的方法缺乏的是哪几种？先要知道自己民族的短处，去补救它，才配说发挥民族的长处。这是我讲演的深意。现在请入本题。

三、奔迸的表情法

向来写情感的，多半是以含蓄蕴藉为原则，像那弹琴的弦外之音，像吃橄榄的那点回甘味儿，是我们中国文学家所最乐道。但是有一类的情感，是要忽然奔迸一泄无余的，我们可以给这类文学起一个名，叫做“奔迸的表情法”。例如，碰着意外的、过度的刺激，大叫一声或大哭一场或大跳一阵，在这种时候，含蓄蕴藉是一点用不着。例如《诗经》：

> 蓼蓼者莪，匪莪伊蒿。哀哀父母，生我劬劳！
>
> （《蓼莪》）

> 彼苍者天，歼我良人！如可赎兮，人百其身！
>
> （《黄鸟》）

前一章是父母死了，悲哀到极处，“哀哀……劬劳”八个字，连泪带血迸出来。后一章是秦穆公用人来殉葬，看的人哀痛怜悯的感情迸在这四句里头，成了群众心理的表现。

风萧萧兮易水寒，壮士一去兮不复还！

这是荆轲行刺秦始皇临动身时，他的朋友高渐离歌来送他，只用两句话，一点扭控也没有，却是对于国家、对于朋友的万斛情感都全盘表出了。

古乐府里头有一首《箜篌引》，不知何人所作：据说是有一个狂夫，冬天早上在河边“被发乱流而渡”，他的妻子从后面赶上来要拦他，拦不住，溺死了，他的妻子做了一首“引”，是：

公无渡河，公竟渡河。渡河而死，其奈公何？

又有一首《陇头歌》，也不知谁人所作，大约是一位身世很可怜的独客，那歌有两叠，是：

陇头流水，流离山下。念吾一身，飘然旷野。

陇头流水，鸣声幽咽。遥望秦川，心肝断绝。

这些都是用极简单的语句，把极真的情感尽量表出，真所谓“一声河满子，双泪落君前”。你若要多著些话，或是说得委婉些，那么真面目完全丧掉了。

力拔山兮气盖世，时不利兮骓不逝，骓不逝兮可奈何，虞兮虞兮奈若何。

（《虞兮歌》）

大风起兮云飞扬。威加海内兮归故乡。安得猛士兮守四方！

（《大风歌》）

前一首是项羽在垓下临死时对着他爱妾虞姬唱的，把英雄末路的无限情感都涌现了；后一首是汉高祖做了皇帝后，回到故乡，对那些父老唱的，一种得意气概尽情流露。

陟彼北芒兮，噫！顾览帝京兮，噫！宫室崔嵬兮，噫！民之劬劳兮，噫！辽辽未央兮，噫！

（《五噫歌》）

这一首是后汉时梁鸿作的。满肚子伤世忧民的热情，叹了五口大气，尽情发泄，极文章之能事。

上邪！我欲与君相知，长命无绝衰。山无陵，江水为竭，冬雷震震，夏雨雪，天地合，乃敢与君绝。

（《上邪曲》）

这类一泄无余的表情法，所表的十有九是哀痛一路。这首歌却是写爱情，像这样斩钉截铁地赌咒，正表示他们的恋爱到“白热度”。

正式的五七言诗用这类表情法的很少，因为多少总受些格律的束缚，不能自由了。要我在各名家诗集里头举例，几乎一个也举不出（也许是我记不起）。独有表情老手的杜工部，有一首最为怪诞！

剑外忽传收蓟北，初闻涕泪满衣裳。
却看妻子愁何在，漫卷诗书喜欲狂。
白日放歌须纵酒，青春作伴好还乡。
即从巴峡穿巫峡，便下襄阳到洛阳。

凡诗，写哀痛、愤恨、忧愁、悦乐、爱恋都还容易，写欢喜真是难，即在长短句古体里头也不易得。这首诗是近体，个个字受“声病”的束缚，他却做得如此淋漓尽致！那一种手舞足蹈的情形，读了令人发怔，据我看过的诗，没有第二首比得上了。

此外，这种表情法我能举出得的很少。近代人吴梅村，诗格本不算高，但他的集中却有一首，确能用这种表情法。那题目我记不真，像是《送吴季子出塞》[①]。他劈空来恁几句：

人生千里与万里，黯然消魂别而已。
君独何为至于此？

① 此诗题为《悲歌赠吴季子》。原书如此，疑作者记忆有误。——编者注。

山非山兮水非水，生非生兮死非死。

……

他送的人叫做吴汉槎，是前清康熙间一位名士，因不相干的事充军到黑龙江，许多人替他叫冤，都有诗送他，梅村这首算是最好。好处是把无穷的冤抑用几句极粗重的话表尽了。

词里头这种表情法也很少，因为词家最讲究缠绵悱恻，也不是写这种情感的好工具。若勉强要我举个例，那么，辛稼轩的《菩萨蛮》上半阕：

郁孤台下清江水，中间多少行人泪？西北是长安，可怜无数山。……

这首词是在徽钦二宗北行所经过的地方题壁的，稼轩是比岳飞稍微晚辈的一位爱国军人，带着兵驻在边界，常常想要恢复中原，但那时小朝廷的君臣都不许。他到了这个地方，忽然受很大的刺激，由不得把那满腔热泪都喷出来了。

吴梅村临死的时候，有一首《贺新郎》，也是写这一类的情感，那下半阕是：

> 故人慷慨多奇节。为当年、沉吟不断，草间偷活。艾炙眉头瓜喷鼻，今日须难决绝。早患苦、重来千叠。脱屣妻孥非易事，竟一钱不值何须说！……

梅村因为被清廷强奸了当“贰臣”，心里又恨又愧，到临死时才尽情发泄出来，所以很能动人。

曲本写这种情感应该易些，但好的也不多。以我所记得的，独《桃花扇》里头有几段很见力量。那《哭主》一出，写左良玉在黄鹤楼开宴，正饮得热闹时，忽然接到崇祯帝殉国的急报，唱道：

> 高皇帝，在九京，不管亡家破鼎。那知你圣子神孙，反不如飘蓬断梗！十七年忧国如病，呼不应天灵祖灵，调不来亲兵救兵。白练无情，送君王一命！……

宫车出，庙社倾，破碎中原费整。养文臣帷幄无谋，豢武夫疆场不猛。到今日山残水剩，对大江月明浪明，满楼头呼声哭声。这恨怎平，有皇天作证。……

那《沉江》一出，写清兵破了扬州，史可法从围城里跑出，要到南京，听见福王已经投降，哀痛到极，迸出来几句话：

抛下俺断蓬船，撇下俺无家犬！呼天叫地千百遍，归无路进又难前！……累死英雄，到此日看江山换主，无可留恋。

唱完了这一段，就跳下水里死了。跟着有一位志士赶来，已经救他不及，便唱道：

……谁知歌罢剩空筵？长江一线，吴头楚尾路三千，尽归别姓，雨翻云变！寒涛东卷，万事付空烟！……

这几段，我小时候读它，不知淌了几多眼泪。别人我不知道，我自己对于清朝的革命思想，最少也有一部分受这类文学的影响。他感人最深处，是一个个字都带着鲜红的血呕出来。虽然比前头所举那几个例说话多些，但在这种文体不得不然，我们也不觉得它话多。

凡这一类，都是情感突变，一烧烧到“白热度”，便一毫不隐瞒，一毫不修饰，照那情感的原样子迸裂到字句上。我们既承认情感越发真越发神圣，讲真，没有真得过这一类了。这类文学真是和那作者的生命分劈不开——至少也是当他作出这几句话那一秒钟时候，语句和生命是迸合为一。这种生命是要亲历其境的人自己创造，别人断乎不能替代。如“壮士不还”“公无渡河”等类，大家都容易看出是作者亲发的情感。即如《桃花扇》这几段，也因为作者孔云亭是一位前明遗老（他里头还有一句说：哪晓得我老夫就是戏中之人？），这些沉痛都是他心坎中原来有的，所以写得能够如此动人，所以这一类我认为情感文中之圣。

这种表现法十有九是表悲痛，表别的情感就不大好用。我勉强找，找得《牡丹亭·惊梦》里头：

原来是姹紫嫣红开遍，似这般都付与断井颓垣。

这两句的确是属于奔迸表情法这一类。他写情感忽然受了刺激，变换一个方向，将那霎时间的新生命迸现出来，真是能手。

我想：悲痛以外的情感并不是不能用这种方式去表现。它的诀窍，只是当情感突变时，捉住它“心奥”的那一点，用强调写到最高度。那么，别的情感何尝不可以如此呢？苏东坡的《水调歌头》便是一个好例：

明月几时有，把酒问青天。不知天上宫阙，今夕是何年？我欲乘风归去，又恐琼楼玉宇，高处不胜寒。……

这全是表现情感一种亢进的状态，忽然得着一个“超现世的”新生命，令我们读起来不知不觉也跟着到他那新生命的领域去了。这种情感的表现法，西洋文学里头恐怕很多，我们中国却太少了。我希望今后的文学家努力从这方面开拓境界。

四、回荡的表情法（上）

这一回讲的，我也起它一个名，叫做“回荡的表情法”，是一种极浓厚的情感盘结在胸中，像春蚕抽丝一般把它抽出来。这种表情法，看它专从热烈方面尽量发挥，和前一类正相同。所异者，前一类是直线式的表现，这一类是曲线式或多角式的表现；前一类所表的情感是起在突变时候，性质极为单纯，容不得有别种情感搀杂在里头，这一类所表现的情感是有相当的时间经过，数种情感交错纠结起来，成为网形的性质。人类情感在这种状态之中者最多，所以文学上所表现的，亦以这一类为最多。

这类表情法在《诗经》中可以举出几个绝好模范：

> 鸱鸮鸱鸮，既取我子，无毁我室。恩斯勤斯，鬻子之闵斯。
>
> 迨天之未阴雨，彻彼桑土，绸缪牖户。今女下民，或敢侮予？

予手拮据，予所捋荼。予所蓄租，予口卒瘏，曰予未有室家。

予羽谯谯，予尾翛翛，予室翘翘。风雨所漂摇，予维音哓哓！

（《鸱鸮》）

三百篇的作者百分之九十九没有主名，独这一篇因《尚书·金縢》所记，我们确知系出周公手笔，是当管蔡流言、王业漂摇的时候作来感悟成王的。他托为一只鸟的话，说经营这小小的一个巢，怎样地担惊恐，怎样地捱辛苦，现在还是怎样地艰难。没有一句动气语，没有一句灰心话，只有极浓极温的情感，像用深深的刀痕刻镂在字句上，那情感的丰富和醇厚，真可以代表“纯中华民族文学”的美点。他那表情方法是用螺旋式，一层深过一层。

弁彼鸴斯，归飞提提。民莫不穀，我独于罹。何辜于天？我罪伊何？心之忧矣，云如之何？

踧踧周道，鞫为茂草。我心忧伤，惄焉如捣。

假寐永叹，维忧用老。心之忧矣，疢如疾首。

维桑与梓，必恭敬止。靡瞻匪父，靡依匪母。不属于毛？不罹于里？天之生我，我辰安在？……

（《小弁》）

这诗共八章，为省时间起见，仅引三章，其实全篇是无一处不好的。这诗也大概寻得出主名，是周幽王宠爱褒姒，把太子废了，太子的师傅代太子作这篇诗来感动幽王，幽王到底不听，周朝不久也被犬戎灭了。算是历史上很有关系的一篇文学。这诗的特色是把磊磊堆堆蟠郁在心中的情感，像很费力地才吐出来；又像吐出、又像吐不出、吐了又还有那表情方法，专用“语无伦次”的样子，一句话说过又说，忽然说到这处，忽然又说到那处。用这种方式来表现这种情绪，恐怕再妙没有了。

彼黍离离，彼稷之苗。行迈靡靡，中心摇摇。知我者，谓我心忧；不知我者，谓我何求。悠悠苍天，此何人哉？

彼黍离离，彼稷之穗。行迈靡靡，中心如醉。知我者，谓我心忧；不知我者，谓我何求！悠悠苍天，此何人哉？

（《黍离》）

这首诗依旧说在宗周亡了过后，那些遗民经过故都凭吊感触作出来，大约是对的。它那一种缠绵悱恻、回肠荡气的情感，不用我指点，诸君只要多读几遍，自然被它魔住了。他的表情法，是胸中有种种甜酸苦辣写不出来的情绪，索性都不写了，只是咬着牙龈长言永叹一番，便觉得一往情深，活现在字句上。

肃肃鸨翼，集于苞棘。王事靡盬，不能蓺黍稷。父母何食？悠悠苍天，曷其有极？

（《鸨羽》）

泛彼柏舟，亦泛其流。耿耿不寐，如有隐忧。微我无酒，以敖以游。

我心匪鉴，不可以茹。亦有兄弟，不可以据。

薄言往愬，逢彼之怒。

我心匪石，不可转也。我心匪席，不可卷也。威仪棣棣，不可选也。

忧心悄悄，愠于群小。觏闵既多，受侮不少。静言思之，寤辟有摽。

日居月诸，胡迭而微？心之忧矣，如匪浣衣。静言思之，不能奋飞。

（《柏舟》）

那《鸨羽》篇，大约是当时人民被强迫去当公差，把正当职业都耽搁了，弄到父母挨饿。那《柏舟》篇，大约是一位女子受了家庭的压迫，有冤无处诉，都是表一种极不自由的情感。它的表情法和前头那三首都不同：他们在饮恨的状态底下，情感才发泄到喉咙，又咽回肚子里去了，所以音节很短促，若断若续。若用曼声长谣的方式写这种情感便不对。

这五篇都是回荡的表情法，却有四种不同的方式，我们可以给它四个记号：

回荡法
- 螺旋式——《鸱鸮》 ┐
- 堆垒式——《小弁》 ├ 曼声
- 引曼式——《黍离》 ┘
- 吞咽式——《鸨羽》《柏舟》—促节

《诗经》中这类表情法真是无体不备，像这样好的还很多，《小雅》十有九皆是。真所谓“温柔敦厚”，放在我们心坎里头是暖的。《诗经》这部书所表示的，正是我们民族情感最健全的状态。这一点，无论后来哪位作家，都赶不上。

《楚辞》的特色在替我们文学界开创浪漫境界，常常把情感提往“超现实”的方向，这一点下文再说。它的现实方面还是和三百篇一样路数，缠绵悱恻，怨而不怒。试举数段为例：

……

入溆浦余儃佪兮，迷不知吾所如。

深林杳以冥冥兮，乃猿狖之所居。

山峻高以蔽日兮，下幽晦以多雨。

霰雪纷其无垠兮，云霏霏而承宇。

哀吾生之无乐兮，幽独处乎山中。

吾不能变心而从俗兮，固将愁苦而终穷。

……

（《涉江》）

……

患何罪以遇罚兮，亦非余之所志也。

行不群以巅越兮，又众兆之所咍也。

纷逢尤以离谤兮，謇不可释也。

情沉抑而不达兮，又蔽而莫之白也。

心郁邑而侘傺兮，又莫察余之中情。

固烦言不可结诒兮，愿陈志而无路。

退静默而莫余知兮，进号呼又莫吾闻。

申侘傺之烦惑兮，中闷瞀之忳忳。

……

（《惜诵》）

……

曼余目以流观兮，冀一反之何时？
鸟飞反故乡兮，狐死必首丘。
信非吾罪而弃逐兮，何日夜而忘之？

（《哀郢》）

……

忳郁邑余侘傺兮，吾独穷困乎此时也。
宁溘死以流亡兮，余不忍为此态也。
……

（《离骚》）

……

制芰荷以为衣兮，集芙蓉以为裳。
不吾知其亦已兮，苟余情其信芳。
高余冠之岌岌兮，长余佩之陆离。
芳与泽其杂糅兮，唯昭质其犹未亏。
忽反顾以游目兮，将往观乎四荒。
佩缤纷其繁饰兮，芳菲菲其弥章。

民生各有所乐兮，余独好修以为常。

虽体解吾犹未变兮，岂余心之可惩。

……

（《离骚》）

屈原的情感是烦闷的，却又是浓挚的、孤洁的、坚强的。浓挚、孤洁、坚强三种拼拢一处，已经有点不甚相容，还凑着他那种境遇，所以变成烦闷。《涉江》那段，用象征的方式烘托出烦闷；《惜诵》那段，写无伦次的烦闷状态，和前文所引的《小弁》同一途径；《哀郢》那段，把浓挚的情感尽量显出；《离骚》两段，专表他的孤洁和坚强。屈原是有洁癖的人，闹到情死，他的情感全含亢奋性，看不出一点消极的痕迹。

宋玉便不同了。他代表的作品是《九辩》，完全和屈原是两种气味：

悲哉，秋之为气也！

萧瑟兮草木摇落而变衰。

憭栗兮若在远行，登山临水兮送将归。

沇漻兮天高而气清，寂寥兮收潦而水清。
憯悽增欷兮，薄寒之中人，
怆怳懭悢兮，去故而就新。
坎廪兮贫士失职而志不平，
廓落兮羁旅而无友生，
惆怅兮而私自怜！
……

（《九辩》）

这篇全是汉晋以后那种叹老嗟卑的颓废情感所从出，比屈原差得远了。但表情的方法，屈、宋都是一样，我譬喻它像一条大蛇，在那里蟠——蟠——蟠！又像一个极深极猛的水源，给大石堵住，在石罅里头到处喷迸。这是他们和三百篇不同处。

《楚辞》多半是曼声，很少促节，大抵这一体与促节不甚相宜。独有淮南小山《招隐士》是别调，全篇都算得促节。如：

……

王孙游兮不归，春草生兮萋萋。

岁暮兮不自聊，蟪蛄鸣兮啾啾。

块兮轧，山曲岪，心淹留兮恫慌忽。

罔兮沕，憭兮栗，虎豹穴。丛薄深林兮，人上栗。

……

但这种促节不全属吞咽一路，像《哀郢》那几句的确写饮恨的情感，却仍是曼声。

汉魏六朝五言诗的表情法都走微婉一路，容下文再说。要看它们热烈的情感，还是从《乐府》里找。试举几首为例：

（1）

悲歌可以当泣，远望可以当归。

思念故乡，郁郁累累。

欲归家无人，欲渡河无船。

心思不能言，肠中车轮转。

（2）

秋风萧萧愁杀人。出亦愁，入亦愁。

座中何人谁不怀忧？令我白头。

胡地多飚风，树木何修修！

离家日趋远，衣带日趋缓。

心思不能言，肠中车轮转。

（3）

来日大难，口燥唇干。

今日相乐，皆当喜欢。

……

月没参横，北斗阑干。

亲友在门，饥不及餐。

……

（4）

出东门，不顾归。

来入门，怅欲悲。

盎中无斗米储，还视架上无悬衣。

拔剑东门去，儿女牵衣啼；
他家但愿富贵，贱妾与君共哺糜。
共餔糜；上用仓浪天故，下为黄口小儿。
今时清廉难犯，教言君自爱莫为非。
行吾！去为迟，平慎行，望君归。
（注：行吾之“吾”字，疑即“乎”字，同音通用）

（5）
有所思，乃在大海南。
何用问遗君，双珠玳瑁簪。
用玉绍缭之。
闻君有他心，拉杂摧烧之。
摧烧之，当风扬其灰！
从今以往，勿复相思，相思与君绝！
鸡鸣狗吠，兄嫂当知之。
妃呼豨！
秋风肃肃晨风飔，东方须臾高知之！
（注：“妃呼豨”，感叹词。）

这些《乐府》不惟不能得作者主名，并不能确指年代，大约是汉以后唐以前几百年间的作品。此外还有许多好的，因为它是另外一种表情法，等到下文别段再讲。读这几首，大略可以看得出当时平民文学的特采是极真率而又极深刻，后来许多专门作家都赶不上。李太白刻意学这一体，但神味差得远了。

汉代大文学家很少，流传下来最有名的是几篇赋，都不是表情之作，五言诗初发轫，没有壮阔的波澜，摹仿三百篇取蕴藉一路的较多些，很回荡的可以说没有。勉强举一两首，如苏武的：

结发为夫妻，恩爱两不疑。
欢娱在今夕，嬿婉及良时。
征夫怀往路，起视夜何其？
参辰皆已没，去去从此辞。
行役在战场，相见未有期。
握手一长叹，泪为生别滋。
努力爱春华，莫忘欢乐时。
生当复归来，死当长相思。

枚乘的：

行行重行行，与君生别离。
相去万余里，各在天一涯。
道路阻且长，会面安可知？
胡马依北风，越鸟巢南枝。
相去日已远，衣带日已缓。
浮云蔽白日，游子不顾返。
思君令人老，岁月忽已晚。
弃捐勿复道，努力加餐饭。

两首皆写男女别时别后的情爱，前一首近于螺旋式，后一首近于吞咽式。当时作品中，只能到这种境界而止，往前比，比不上三百篇、《楚辞》；往后比，比不上唐人，同时的，也比不上平民文学的《乐府》。到三国时建安七子，渐渐把五言成立一个规模，内中以曹子建为领袖。子建《赠白马王彪》一首可算得在五言诗里头别出生面，开后来杜工部一路。这诗很长，录之如下：

谒帝承明庐，逝将归旧疆。清晨发皇邑，日夕过首阳。伊洛广且深，欲济川无梁。泛舟越洪涛，怨彼东路长。顾瞻恋城阙，引领情内伤。

太谷何寥廓，山树郁苍苍。霖雨泥我涂，流潦浩纵横。中逵绝无轨，改辙登高岗。修坂造云日，我马玄以黄。

玄黄犹能进，我思郁以纡。郁纡将何念，亲爱在离居。本图相与偕，中更不克俱。鸱枭鸣衡轭，豺狼当路衢。苍蝇间白黑，谗巧反亲疏。欲还绝无蹊，揽辔止踟蹰。

踟蹰亦何留？相思无终极。秋风发微凉，寒蝉鸣我侧。原野何萧条，白日忽西匿。归鸟赴乔林，翩翩厉羽翼。孤兽走索群，衔草不遑食。感物伤我怀，抚心长太息。

太息将何为，天命与我违。奈何念同生，一往形不归。孤魂翔故域，灵柩寄京师。存者忽复过，亡殁身自衰。人生处一世，去若朝露晞。年在桑榆间，影响不能追。自顾非金石，咄嗟令心悲。

心悲动我神，弃置莫复陈。丈夫志四海，万里

> 犹比邻。恩爱苟不亏，在远分日亲。何必同衾帱，然后展慇懃。忧思成疾疢，无乃儿女仁。仓卒骨肉情，能不怀苦辛？
>
> 苦辛何虑思，有命信可疑。虚无求列仙，松子久吾欺。变故在斯须，百年谁能持？离别永无会，执手将何时。王其爱玉体，俱享黄发期。收泪即长路，援笔从此辞。

大抵情感之文，若写的不是那一刹那间的实感，任凭多大作家也写不好。子建这诗有篇序，说是同白马王、任城王三兄弟入朝，任城王死去，到还国时，“有司以二王归蕃，道路宜异宿止，意毒恨之。盖以大别在数日，是用自剖，与王辞焉，愤而成篇”云云。兄弟的真爱情从肺腑流出，所以独好。

此后，阮嗣宗几十首的《咏怀》，大部分也是表情感的热烈方面。内中如“二妃游江滨”“嘉树下成蹊”“平生少年时”“湛湛长江水”“徘徊蓬池上”“独坐空堂上”“驾言发魏都”“一日复一夕”“嘉时在今辰”等篇，都是回肠荡气的作品。陶渊明虽然是淡远一路（下文别论），但集中《咏荆轲》《拟古》里头的“荣荣窗下兰”“辞家夙严驾”“迢迢百尺楼”“种桑长江边”，《杂诗》里头的“白日沦西河”“忆我少年时”等篇，都是表现他的阳性情感，应属于这一类。此外，如鲍明远的《行路难》、潘安仁的《悼亡》，都也有好处。

中古以降的诗，用这种表情法用得最好的，我可以举出一个人当代表。什么人？杜工部！后人上杜工部的徽号叫做“诗圣”，别的圣不圣我不敢说，最少“情圣”两个字他是当得起。他有他自己独到的一种表情法，前头的人没有这种境界，后头的人逃不出这种境界。他集中的情诗太多了，我只随意举出人人共读的几首为例：

客行新安道，喧呼闻点兵。
借问新安吏：“县小更无丁？”
“府帖昨夜下，次选中男行。”
“中男绝短小，何以守王城？”
肥男有母送，瘦男独伶俜。

白水暮东流，青山犹哭声。
“莫自使眼枯，收汝泪纵横。
眼枯即见骨，天地终无情！
……”

（《新安吏》）

四郊未宁静，垂老不得安。
子孙阵亡尽，焉用身独完。
投杖出门去，同行为辛酸。
……
老妻卧路啼，岁暮衣裳单。
孰知是死别，且复伤其寒。
此去必不归，还闻劝加餐。
……

（《垂老别》）

这类是由同情心发出来的情感。工部是个多血质的人，他《自京赴奉先咏怀》那首诗里头说：“穷年忧黎元，叹息肠内热。”又说：“彤庭所分帛，本自寒女出。鞭挞其夫家，聚敛贡城阙。”又说：“朱门酒肉臭，路有冻死骨。”他还有一首诗道：“堂前扑枣任西邻，无食无儿一妇人。不为困穷宁有此？只缘恐惧转须亲。”集里头像这样的还多，都是同情心的表现。他的眼睛常常注视到社会最底下那一层，他最了解穷苦人们的心理，所以他的诗因他们触动情感的最多，有时替他们写情感，简直和本人自作一样。《三吏》《三别》便是模范的作品。后来白香山的《秦中吟》《新乐府》也是这个路数，但主观的讽刺色彩太重，不能如工部之哀沁心脾。

（1）

少陵野老吞声哭，春日潜行曲江曲。
江头宫殿锁千门，细柳新蒲为谁绿？
……
明眸皓齿今何在？血污游魂归不得。
清渭东流剑阁深，去往彼此无消息。
人生有情泪沾臆，江水江花岂终极！
黄昏胡骑尘满城，欲往城南望南北。

（《哀江头》）

（2）

……

腰下宝玦青珊瑚，可怜王孙泣路隅。

问之不肯道姓名，但道困苦乞为奴。

已经百日窜荆棘，身上无有完肌肤。

……

豺狼在邑龙在野，王孙善保千金躯。

不敢长语临交衢，且为王孙立斯须。

……

（《哀王孙》）

（3）

忆昔开元全盛日，小邑犹藏万家室。

稻米流脂粟米白，公私仓廪俱丰实。

九州道路无豺虎，远行不劳吉日出。

齐纨鲁缟车班班，男耕女桑不相失。

宫中圣人奏云门，天下朋友皆胶漆。

百馀年间未灾变，叔孙礼乐萧何律。

岂闻一缣直万钱，有田种谷今流血。

洛阳宫殿烧焚尽，宗庙新除狐兔穴。
伤心不忍问耆旧，复恐初从乱离说。
……

（《忆昔》）

这都是他遭值乱离所现的情感。集中这一类多到了不得，这不过随意摘几首。前两首是遭乱的当时作的，后一首是过后追想的。后人都恭维他的诗是诗史，但我们要知道他的诗史，每一句每一字都有个“杜甫”在里头。

死别已吞声，生别常恻恻。
江南瘴疠地，逐客无消息。
故人入我梦，明我长相忆。
恐非平生魂，路远不可测。
魂来枫林青，魂返关塞黑。
君今在罗网，何以有羽翼。
落月满屋梁，犹疑照颜色。
水深波浪阔，毋使蛟龙得。

（《梦李白》）

这是他梦见他流在夜郎的朋友李白，梦后写的情感。他是个最多情的人，对于好些朋友都有诗表示热爱，这首不过其一。他对于自己身世和家族，自然用情更真切了。试举他几首：

（1）

……

老妻寄异县，十口隔风雪。

谁能久不顾，庶往共饥渴。

入门闻号啕，幼子饥已卒。

吾宁舍一哀，里巷亦呜咽。

所愧为人父，无食致夭折。

……

（《自京赴奉先咏怀》）

（2）

去年潼关破，妻子隔绝久。

今夏草木长，脱身得西走。

麻鞋见天子，衣袖露两肘。

朝廷愍生还，亲故伤老丑。

……

寄书问三川，不知家在否。

比闻同罹祸，杀戮到鸡狗。

山中漏茅屋，谁复依户牖？

摧颓苍松根，地冷骨未朽。

几人全性命，尽室岂相偶。

……

自寄一封书，今已十月后。

反畏消息来，寸心亦何有。

……

（《述怀》）

（3）

长镵长镵白木柄，我生托子以为命。

黄独无苗山雪盛，短衣数挽不掩胫。

此时与子空归来，男呻女吟四壁静。

呜呼二歌兮歌始放，邻里为我色惆怅。

有弟有弟在远方，三人各瘦何人强。
生别展转不相见，胡尘暗天道路长。
东飞駕鹅后鹙鸧，安得送我置汝旁。
呜呼三歌兮歌三发，汝归何处收兄骨。

有妹有妹在钟离，良人早没诸孤痴。
长淮浪高蛟龙怒，十年不见来何时。
扁舟欲往箭满眼，杳杳南国多旌旗。
呜呼四歌兮歌四奏，林猿为我啼清昼。

（《同谷七歌》中三首）

读这些诗，他那浓挚的爱情，隔着一千多年，还把我们包围不放哩。那《述怀》里头“反畏消息来”一句，真深刻到十二分；那七歌里头“长镵”一首，意境峭入，这些地方我们应该看他的特别技能。

他常常用很直率的语句来表情。举他一个例：

忆年十五心尚孩，健如黄犊走复来。
庭前八月梨枣熟，一日上树能千回。

即今倏忽已五十，坐卧只多少行立。
强将笑语供主人，悲见生涯百忧集。
入门依旧四壁空，老妻睹我颜色同。
痴儿未知父子礼，叫怒索饭啼门东。

（《百忧集行》）

用近体来写这种蟠薄郁积的情感本来极不易，这种门庭可以说是他一个人开出。我最喜欢他《喜达行在所三首》里头那第三首的头两句：

死去凭谁报，归来始自怜。

仅仅十个字，把那虎口余生、过去现在的甜酸苦辣一齐迸出，我真不晓得他有多大笔力。此外好的很多，凭我记忆最熟的背他几首：

（1）
国破山河在，城春草木深。
感时花溅泪，恨别鸟惊心。

烽火连三月，家书抵万金。
白头搔更短，浑欲不胜簪。

（2）
带甲满天地，胡为君远行！
亲朋尽一哭，鞍马去孤城。
……

（3）
亦知戍不返，秋至拭清砧。
已近苦寒月，况经长别心。
宁辞捣熨倦，一寄塞垣深。
用尽闺中力，君听空外音。

（4）
今夜鄜州月，闺中只独看。
遥怜小儿女，未解忆长安。
香雾云鬟湿，清辉玉臂寒。
何时倚虚幌，双照泪痕干。

（5）

野老篱前江岸回，柴门不正逐江开。
渔人网集澄潭下，贾客船随返照来。
长路关心悲剑阁，片云何意傍琴台。
王师未报收东郡，城阙秋生画角哀。

（6）

岁暮阴阳催短景，天涯霜雪霁寒宵。
五更鼓角声悲壮，三峡星河影动摇。
野哭千家闻战伐，夷歌数处起渔樵。
卧龙跃马终黄土，人事音书漫寂寥。

他表情的方法可以说是《鸱鸮》诗或《黍离》诗那一路，不是《小弁》诗那一路，和《楚辞》更是不同。他向来不肯用语无伦次的表现法，他所表现的情是越引越深，越拶越紧。我想这或是时代色彩，到中古以后，那“小弁风”的堆叠表情法怕不好适用，用来也很难动人了。至于那吞咽式，他却常用，《梦李白》那首便是这一式的代表。但杜诗到底是曼声的比促节的好。

工部表情的好诗绝不止前头所举的这几首（无论古近体），我既不是做古诗的选本，只好从略，还有些属于别种表情法的，下文另讲。但我们要知道，这种表情法可以说是杜工部创作，最少亦要说到了他才成功，所以他在我们文学界占的位置实在不同寻常；同时高、岑、王、李那些大家，都不能和他相提并论。后来这种表情法，虽然好的作品不少，都是受他影响，恕我不征引了。

别的我虽然打定主意不征引，独有元微之悼亡的七律三首，我不能不征引。因为他是这一类的表情法，却是杜工部以外的一种创作：

谢公最小偏怜女，自嫁黔娄百事乖。
顾我无衣搜荩箧，泥他沽酒拔金钗。
野蔬充膳甘长藿，落叶添薪仰古槐。
今日俸钱过十万，与君营奠复营斋。

昔日戏言身后意，今朝都到眼前来。
衣裳已施行看尽，针线犹存未忍开。

尚想旧情怜婢仆，也曾因梦送钱财。
情知此恨人人有，贫贱夫妻百事哀。

闲坐悲君亦自悲，百年都是几多时。
邓攸无子寻知命，潘岳悼亡犹费词。
同穴窅冥何所望，他生缘会更难期。
惟将终夜常开眼，报答平生未展眉。

这三首诗所表的情感之浓挚，古人后人都有的，但他用白话体来作律诗，在极局促的格律底下赤裸裸把一团真情捧出，恐怕连杜老也要让他出一头地哩。

五、回荡的表情法（下）

回荡的表情法用来填词当然是最相宜，但向来词学批评家还是推尊蕴藉，对于热烈蟠薄这一派，总认为别调。我对于这两派也不能偏有抑扬（其实亦不能严格地分别），但把回肠荡气的名作背几阕来当代表。

初期的大词家当然推李后主。他是一位“文学的亡国之君”，有极悲痛的情感，却不敢公然暴露，自然要用一种蟠郁顿挫的方式表它，所以最好。他代表的作品是：

（1）

春花秋月何时了！往事知多少。小楼昨夜又东风，故国不堪回首月明中。雕栏玉砌应犹在，只是朱颜改。问君能有几多愁？恰似一江春水向东流。

（《虞美人》）

（2）

帘外雨潺潺，春意阑珊。罗衾不耐五更寒。梦里不知身是客，一晌贪欢。独自莫凭栏，无限江山，别时容易见时难。流水落花春去也，天上人间。

（《浪淘沙》）

这两首词音节上虽然仍带含蓄，也算得把满腔愁怨尽情发泄了。所以宋太祖看见，竟自赐他牵机药，要他的命。

宋徽宗的身世和李后主一样，他有一首《燕山亭》，写得亦是这一类情感，但用的是吞咽式，觉得分外凄切。今录他下半阕：

凭寄离恨重重，者双燕，何曾会人言语。天遥地远，万水千山，知他故宫何处。怎不思量，除梦里、有时曾去。无据，和梦也新来不做。

词中用回荡的表情法用得最好的，当然要推辛稼轩。稼轩的性格和履历前头已经说过：他是个爱国军人，满腔义愤，都拿词来发泄，所以那一种元气淋漓，前前后后的词家都赶不上。他最有名的几首是：

（1）

更能消、几番风雨，匆匆春又归去。惜春长怕花开早，何况落红无数。春且住，见说道、天涯芳草无归路。怨春不语。算只有殷勤，画檐蛛网，尽日惹飞絮。

长门事，准拟佳期又误。蛾眉曾有人妒。千金纵买相如赋，脉脉此情谁诉？君莫舞，君不见、玉环飞燕皆尘土！闲愁最苦！休去倚危栏，斜阳正在，烟柳断肠处。

（《摸鱼儿》）

（2）

野棠花落，又匆匆过了，清明时节。刬地东风欺客梦，一枕云屏寒怯。曲岸持觞，垂杨系马，此地曾经别。楼空人去，旧游飞燕能说。

闻道绮陌东头，行人长见，帘底纤纤月。旧恨春江流不尽，新恨云山千叠。料得明朝，尊前重见，镜里花难折。也应惊问：近来多少华发？

（《念奴娇》）

（3）

绿树听鹈鴂。更那堪鹧鸪声住，杜鹃声切。啼到春归无寻处，苦恨芳菲都歇。算未抵、人间离别，马上琵琶关塞黑，更长门、翠辇辞金阙。看燕燕，送归妾。

将军百战身名裂，向河梁、回头万里，故人长绝。易水萧萧西风冷，满座衣冠似雪。正壮士、悲歌未彻。啼鸟还知如许恨，料不啼清泪长啼血。谁伴我，醉明月。

（《贺新郎》）

凡文学家，多半寄物托兴，我们读好的作品原不必逐首逐句比附他的身世和事实。但稼轩这几首有点不同，他与时事有关，是很看得出来。大概都是恢复中原的希望已经断绝，发出来的感慨，《摸鱼儿》里头“长门”“蛾眉”等句，的确是对于宋高宗不肯奉迎二帝下诛心之论。所以《鹤林玉露》批评他，说：“斜杨烟柳”之句，在汉唐时定当贾祸；又说：“高宗看见这词，很不高兴，但终不肯加罪，可谓盛德。”诗人最喜欢讲怨而不怒，像稼轩这词算是怨而怒了。《念奴娇》那首，题目是《书东流村壁》，正是徽钦北行经过的地方，所以把他的“旧恨新恨”一齐招惹出来。《贺新郎》那首，是和他兄弟话别之作，自然把他胸中垒块尽情倾吐。所以这三首都是有“本事”藏在里头，不能把它当一般伤春伤别之作。

前两首都是千回百折，一层深似一层，属于我所说的螺旋式。后一首却是堆垒式，你看他一起手便硼硼地举了三个鸟名，中间错错落落引了许多离别的故事，全是语无伦次的样子，却是在极倔强里头显出极妩媚。《三百篇》《楚辞》以后，敢用此法的，我就只见这一首。

这一派的词，除稼轩外，还有苏东坡、姜白石都是大家。苏辛同派，向来词家都已公认。我觉得白石也是这一路，他的好处不在微词，而在壮采。但苏、姜所处的地位与辛不同，辛词自然格外真切，所以我拿他来做这一派的代表。

稼轩的词风不甚宜于吞咽式，但里头也有好的。如：

宝钗分，桃叶渡，烟柳暗南浦。怕上层楼，十日九风雨。断肠片片飞红，都无人管，更谁劝、啼莺声住？

鬓边觑，试把花卜归期，才簪又重数。罗帐灯昏，哽咽梦中语：是他春带愁来，春归何处？

却不解、带将愁去。

（《祝英台近》）

这首很有点写出幽咽的情绪了，但仍是曼声，不是促节。促节的圣手要推周清真，其次便数柳耆卿。各录他的代表作品一首：

（1）

柳阴直，烟里丝丝弄碧。隋堤上、曾见几番，拂水飘绵送行色。登临望故国，谁识京华倦客？长亭路，年去岁来，应折柔条过千尺。

闲寻旧踪迹，又酒趁哀弦，灯照离席。梨花榆火催寒食。愁一箭风快，半篙波暖，回头迢递便数驿。望人在天北。

凄恻，恨堆积！渐别浦萦回，津堠岑寂，斜阳冉冉春无极。念月榭携手，露桥闻笛。沉思前事，似梦里，泪暗滴。

（《兰陵王》）（清真）

（2）

寒蝉凄切，对长亭晚，骤雨初歇。都门帐饮无绪，留恋处，兰舟催发。执手相看泪眼，竟无语凝噎。念去去，千里烟波，暮霭沉沉楚天阔。

多情自古伤离别，更那堪，冷落清秋节！今宵酒醒何处？杨柳岸，晓风残月。此去经年，应是良辰好景虚设。便纵有千种风情，更与何人说？

（《雨霖铃》）（耆卿）

这两首算得促节的模范，读起来一个个字都是往嗓子里咽。当时有人拿耆卿的“晓风残月”和东坡的“大江东去”比较，估算两家品格的高下，其实不对。我们应该问哪一种情感该用哪一种方式。

吞咽式用到最刻入的，莫如李清照女士的《壶中天慢》和《声声慢》，今录他一首：

寻寻觅觅，冷冷清清，凄凄惨惨戚戚。乍暖还寒时候，最难将息。三杯两盏淡酒，怎敌他、晚来风急？雁过也，正伤心，却是旧时相识。

满地黄花堆积。憔悴损，如今有谁堪摘？守着窗儿，独自怎生得黑？梧桐更兼细雨，到黄昏、点点滴滴。这次第，怎一个愁字了得！

（《声声慢》）

清照是当时金石学家赵明诚的夫人，他们夫妇学问都好。爱情浓挚。可惜明诚早死，清照过了半世寡妇的生涯。他这词是写从早至晚一天的实感，那种茕独恓惶的景况，非本人不能领略，所以一字一泪，都是咬着牙根咽下。

还有一位不是词家的陆放翁，却有一首吞咽式的好词：

红酥手，黄藤酒，满城春色宫墙柳。东风恶，欢情薄，一怀愁绪，几年离索。错、错、错。

春如旧，人空瘦，泪痕红浥鲛绡透。桃花落，闲池阁。山盟虽在，锦书难托。莫、莫、莫！

（《钗头凤》）

读这首词要知道他的本事：原来放翁夫人是他母族的表妹，结婚后不晓得为什么，他老太太发起脾气来，逼他们离婚，后来两个人都各自改婚了，但爱情总是不断。有一天，放翁在一个地方名叫沈园，碰着他故妻，情感刺激到了不得，所以填这首词。后来直到六七十岁，每入城一次，总到沈园落一回眼泪，晚年还有一首诗："梦断香消四十年，沈园柳老不吹绵。此身行作稽山土，犹吊遗踪一泫然。"这是和《孔雀东南飞》同性质的一出悲剧，所以他这词极能动人。

清朝好词不少。内中最特别的，算顾梁汾（贞观）寄吴汉槎的两首：

季子平安否？便归来，平生万事，那堪回首！行路悠悠谁慰藉，母老家贫子幼。记不起，从前杯酒。魑魅搏人应见惯，总输他，覆雨翻云手，冰与雪，周旋久。

泪痕莫滴牛衣透，数天涯，依然骨肉，几家能够？比似红颜多命薄，争不如今还有。只绝塞，苦寒难受。廿载包胥承一诺，盼乌头马角终相救。置此札，君怀袖。

我亦飘零久！十年来，深恩负尽，死生师友。宿昔齐名非忝窃，试看杜陵消瘦，曾不减，夜郎僝僽，薄命长辞知己别，问人生到此凄凉否？千万恨，为君剖。

兄生辛未吾丁丑。共些时，冰霜摧折，早衰蒲柳。诗赋从今须少作，留取心魂相守。但愿得，河清人寿！归日急翻行戍稿，把空名料理传身后。言不尽，观顿首。

（《贺新郎》）

这两首和元微之那三首《悼亡》算得过去文学界的双绝。他是“三板一眼”唱得出来的一封信，以体裁论，已算创作。他的好处，全在句句都是实感，没有浮光掠影的话，有点子血性的人读了不能不感动。后来成容若用尽力量把吴汉槎救回，全是受了这两首词的刺激。容若赠梁汾的《贺新郎》[①]，末几句：“绝塞生还

① 这首词应为《金缕曲》，原书如此，疑作者记忆有误。——编者注。

吴季子，算眼前、此外皆闲事。知我者，梁汾耳。”就是这两首词结束的历史。所以我说情感是一种催眠术。

清代大词家固然很多，但头两把交椅却被前后两位旗人——成容若、文叔问占去，也算奇事！容若的词自然以含蓄蕴藉的小令为最佳，但我们要知道，这个人有他特别的性格：他是当时一位权相明珠的儿子，是独一无二的一位阔公子，他父母又很钟爱他，就寻常人眼光看来，他应该没有什么不满足。他不晓为什么，总觉得他所处的环境是可怜的。他的夫人早死，算是他极惨痛的一件事，但不能便认为总原因；说他无病呻吟，的确不是，他受不过环境的压迫，三十多岁便死了。所以批评这个人，只能用两句旧话，说：“古之伤心人，别有怀抱。”他的文学常常表现出这种狂热的怪性。我们试背他几首：

（1）

辛苦最怜天上月，一昔如环，昔昔都成玦。若似月轮终皎洁，不辞冰雪为卿热。

无那尘缘容易绝，燕子依然，软踏帘钩说。唱罢秋坟愁未歇，春丛认取双栖蝶。

（《蝶恋花》）

（2）

而今才道当时错，心绪凄迷。红泪偷垂，满眼春风百事非。

情知此后来无计，强说欢期。一别如斯，落尽梨花月又西。

（《采桑子》）

像这类的作品，真所谓“哀乐无端”，情感热烈到十二分，刻入到十二分。许多人说《红楼梦》的宝玉写的就是成容若，我们虽然不愿意轻率附会，但容若的奇情，只怕有点像宝玉哩。

郑叔问的词格很近稼轩、白石，但幽咽的作品比他们多，此处怕要算填词界最后的一个名家了。他的名作我不大背得出，只记得几句：

……延伫。销魂处。早漏泄幽盟，隔帘鹦鹉。

残花过影，镜中情事如许。西风一夜惊庭绿，问天上，人间见否。……

（《月下笛》）

题目是《戊戌八月十三日宿王御史宅闻邻笛》，咏的是戊戌政变时事，“隔帘鹦鹉”指袁世凯泄漏我们的秘密；“一夜惊庭绿”等语很表得出当时社会一般人对于这件事的情感。

此外，宋清两代这类表情法的好词还很多，我所举的也不能都算得代表的作品，不过凭我记得的背背罢了。

曲本里头，用回荡表情法用得好的很不少，《西厢记》《琶琶记》里头就有好些，可惜我背不出来。我脑子里头印得最深的，是《牡丹亭》的《寻梦》：

最撩人春色是今年。少什么高就低来粉画垣，原来春心无处不飞悬。哎！睡荼蘼抓信裙钗线，恰便是花似人心向好处牵。

为什呵，玉真重逆武陵源？也则为水点花飞在眼前。是天公不费买花钱，则咱人心上有啼红怨。咳！辜负了三二月天。

……

偶然间心似缱，梅树边。这般花花草草由人恋，生生死死随人愿，便酸酸楚楚无人怨。……

……一时间望，一时间望眼连天，忽忽地伤心自怜。知怎生情怅然，知怎生泪暗悬？

春归人面，整相看无一言。我待要折，我待要折的那柳枝儿问天，我如今悔，我如今悔不与题笺。……

为我慢归休，缓留连。听，听这不如归春暮天，难道我再，难道我再到这亭园，则掐的个长眠和短眠！……

像这种文学，不晓得怎么样的沁人心脾！像我们这种半百岁数的人，自信得过不会偷闲学少年，理会什么闲愁闲恨，却是一日念它百回也不厌！

其次便是《长生殿》的《弹词》。他写李龟年流落江南，带着个琵琶卖技换饭吃，一面弹，一面唱出那种今昔兴亡之感。那龟年初出台唱的是：

> 不提防余年值乱离，逼拶得歧路遭穷败。受奔波，风尘颜面黑；叹衰残，霜雪鬓须白。今日个流落天涯，只留得琵琶在！……

跟着唱完了十几段，那听的人觉得他形迹蹊跷，苦苦盘问他是谁，他让人瞎猜了一大堆，才自己说明来历道：

> 俺只为家亡国破兵戈沸，因此上孤身流落在江南地。恁官人絮叨叨苦问俺为谁，则俺老伶工名唤做龟年身姓李。

中间唱的那十几段，段段都好，尤为精彩的是写马嵬坡兵变那一段：

恰正好喜孜孜霓裳歌舞，不提防扑通通渔阳战鼓。划地里慌慌急急、纷纷乱乱奏边书，送得个上上下下都无措。早则是喧喧嗾嗾、惊惊遽遽、仓仓卒卒、挨挨拶拶出延秋西路，銮与后携着个娇娇滴滴贵妃同去。又见密密匝匝的兵，恶恶狠狠的话，闹闹炒炒、轰轰割割四下喳呼，生逼散恩恩爱爱、疼疼热热帝王夫妇。霎时间画就了这一幅惨惨凄凄绝代佳人绝命图！

这种文学不是曲本不能有。他的激刺性比杜工部的《哀江头》、白香山的《长恨歌》只怕还要强几倍哩！那整出的结构像神龙天骄，非全读看不出来。

凡长篇的写情韵文，煞尾总须用些重笔，像特别拿电气来震荡几下，才收束得住。如《离骚》讲了许多漫游宽解的话，最后几句是："陟升皇之赫戏兮，忽临睨夫旧乡。仆夫悲余马怀兮，蜷局顾而不行。"

《招魂》说了一大堆及时行乐的话，最后几句是：

皋兰被径兮，斯路渐。

湛湛江水兮，上有枫。
目极千里兮，伤春心。
魂兮归来，哀江南！

都是用这种方法，把全篇增几倍精彩。曲本里头得这诀窍的，要算《桃花扇》最后《余韵》那出的《哀江南》：

1. 山松野草带花桃，猛抬头秣陵重到。残军留废垒，瘦马卧空壕。村郭萧条，城对着夕阳道。

2. 野火频烧，护墓长楸多半焦。山羊群跑，守陵阿监几时逃？鸽翎蝠粪满堂抛，枯枝败叶当阶罩。谁祭扫，牧儿打碎龙碑帽。

3. 横白玉八根柱倒，堕红泥半堵墙高，碎琉璃瓦片多，烂翡翠窗棂少，舞丹墀燕雀常朝，直入宫门一路蒿，住几个乞儿饿殍。

4. 问秦淮旧日窗寮，破纸迎风，坏槛当潮，目断魂销。当年粉黛，何处笙箫？罢灯船端阳不闹，收酒旗重九无聊。白鸟飘飘，绿水滔滔，嫩黄花有些蝶飞，瘦红叶无个人瞧。

5. 你记得跨青溪半里桥，旧红板没一条。秋水长天人过少。冷清清的落照，剩一树柳弯腰。

行到那旧院门，何用轻敲，也不怕小犬哰哰。无非是断井颓巢，不过些砖苔砌草。手种的花条柳梢，尽意儿采樵，这黑灰是谁家的厨灶？

俺曾见金陵王殿莺啼晓，秦淮水榭花开早，谁知道容易冰消。眼看他起朱楼，眼看他宴宾客，眼看他楼塌了。这青苔碧瓦堆，俺曾睡风流觉。将五十年兴亡看饱。那乌衣巷不姓王，莫愁湖鬼夜哭，凤凰台栖枭鸟。残山梦最真，旧境丢难掉，不信这舆图换稿。设一套《哀江南》，放悲声唱到老。

《桃花扇》是明末南京的历史剧，借秦淮河里头几个人物写兴亡之感。末后这一出《闲话》把几位遗老扮作渔翁樵夫，发他们的感慨。《哀江南》这一首是那樵夫唱的，是全剧的收场，所以把全剧关系地点逐一描写它的现状，作个总结。第一段写南京城，第二段写孝陵，第三段写皇宫，都是亡国后公共的悲感。第四段写秦淮，第五段写河上的长桥，第六段写河那边的旧院（当时冶游胜处），都是剧中人物枨触旧游的特别悲感。第七段是把各种情感归拢起来，带血带泪，尽情倾吐，真所谓“悲歌当哭”了。有了这出，能把剧中情节件件都再现一番，令它印象更深。

这种表情法是文学上最通用的，我们中国人也用得很精熟，能够尽态极妍。我们从《三百篇》起到曲本止，把那代表的名作比较比较，也看得出进化的线路。

六、附论新同化之西北民族的表情法

我讲完了回荡表情法，要附带着论一件事：

我们的诗教本来以温柔敦厚为主，完全表示诸夏民族特性，《三百篇》就是唯一的模范。《楚辞》是南方新加入之一种民族的作品，他们已经同化于诸夏，用诸夏的文化工具来写情感，搀入他们固有思想中那种半神秘的色彩，于是我们文学界添出一个新境界。汉人本来不长于文学，所以承袭了《三百篇》《楚辞》这两份大遗产，没有什么变化扩大。到了“五胡乱华”时候，西北方有好几个民族加进来，渐渐成了中华民族的新分子，他们民族的特性自然也有一部分溶化在诸夏民族的里头，不知不觉间便令我们的文学顿增活气。这是文学史上很重要的关键，不可不知。

这种新民族特性恰恰和我们的温柔敦厚相反，他们的好处全在伉爽真率。《三百篇》里头，只有《秦风》的《小戎》《驷铁》《无衣》诸篇很有点伉爽真率气象，这就是西戎系的秦国民族性和诸夏不同处。可惜春秋以后，秦国的文学作品没有一篇流传。燕赵古称多慷慨悲歌之士，文学总应该有异彩，可惜除了《易水歌》之外，也看不着第二首。到五胡南北朝时候，西北蛮族纷纷侵入，内中以鲜卑人为最强盛。鲜卑人在诸蛮族中文化像是最高，后来同化于我们也最速。他们像很爱文学和音乐，唐代流传的"马士乐"十有九都出鲜卑。他们初期学会中国话，用中国文字表他情感，完全现出异样的色彩。试写它几首：

折杨柳歌

上马不捉鞭，反折杨柳枝。

蹀座吹长笛，愁杀行客儿。

腹中愁不乐，顾作郎马鞭。
出入擐郎臂，蹀座郎膝边。

放马两泉泽，忘不著连羁。
担鞍逐马走，何见得马骑。

遥看孟津河，杨柳郁婆娑。
我是虏家儿，不解汉儿歌。

健儿须快马，快马须健儿。
跸跋黄尘下，然后别雄雌。

企喻歌

男儿欲作健，结伴不须多，
鹞子经天飞，群雀两向波。

放马大泽中，草好马着膘，

牌子铁裲裆，鉅鉾鸐尾条。

前行看后行，齐著铁裲裆，
前头看后头，齐著铁沍鉾。

男儿可怜虫，出门怀死忧。
尸丧狭谷中，白骨无人收。

琅琊王歌

新买五尺刀，悬著中梁柱。
一日三摩挲，剧于十五女。

客行依主人，愿得主人强。
猛虎依深山，愿得松柏长。

慕容垂歌

慕容攀墙视，吴军无边岸。
我身分自当，枉杀墙外汉。

慕容愁愤愤，烧香作佛会。
愿作墙里燕，高飞出墙外。

高阳乐人歌

可怜白鼻䯄，相将入酒家。
无钱但共饮，画地作交赊。

何处䗁觞来，两颊江似火，
自有桃花容，莫言人劝我。

李波小妹歌

李波小妹字雍容，
褰裙逐马如卷蓬。
左射右射必叠双。
妇女尚如此，
男子安可逢。

读这几首，可以大略看出他们“虏家儿”是怎么个气象了。他们生活是异常简单，思想是异常简单，心直口直，有一句说一句，他们的情感是“没遮拦”的，你说好也罢，说他坏也罢，总是把真面孔搬出来。别的且不管他，专就男女两性关系而论，也看出许多和从前文学态度不同的表现。试举它几首：

地驱歌

青青黄黄，雀石颓唐。
槌杀野牛，押杀野羊。

驱羊入谷，自羊在前。
老女不嫁，蹋地唤天。

侧侧力力，念郎无极。
枕郎左臂，随郎转侧。

摩捋郎须，看郎颜色。
郎不念女，不可与力。

紫骝马歌

烧火烧野田，野鸭飞上天。
童男娶寡妇，壮女笑杀人。

捉搦歌

谁家女子能行走，反着裌禅后裙露。
天生男女共一处，愿得两个成翁妪。

华阴山头百丈井，下有流水彻骨冷。
可怜女子能照影，不见其余见斜领。

黄桑柘屐蒲子履，中央有丝两头系。
小时怜母大怜婿，何不早嫁论家计。

像这种毫不隐瞒、毫不扭捏的表情，在《三百篇》和汉魏人五言诗里头绝对地找不出来。这些都是北朝文学。试拿来和并时的南朝文学比较，像那有名的《子夜》《团扇》《懊侬》《青溪》《碧玉》《桃叶》各歌曲，虽然各有各的妙处，但前者以真率胜，后者以柔婉胜，双方的分野显然可见。

经南北朝几百年民族的化学作用，到唐朝算是告一段落。唐朝的文学，用温柔敦厚的底子加入许多慷慨悲歌的新成分，不知不觉便产生出一种异彩来。盛唐各大家为什么能在文学史上占很重要位置呢？它们的价值在能洗却南朝的铅华靡曼，参以伉爽真率，却又不是北朝粗犷一路。拿欧洲来比，好像古代希腊罗马文明，搀入些森林里头日耳曼蛮人色彩，便开辟一个新天地。试举几位代表作家的作品，如李太白的：

金樽清酒斗十千，玉盘珍羞直万钱。
停杯投箸不能食，拔剑四顾心茫然。
欲渡黄河冰塞川，将登太行雪满山。
闲来垂钓碧溪上，忽复乘槎梦日边。
行路难！行路难！多歧路，今安在？
长风破浪会有时，直挂云帆济沧海。

（《行路难》）

杜工部的：

朝进东门营，暮上河阳桥。
落日照大旗，马鸣风萧萧。
平沙列万幕，部伍各见招。
中天悬明月，令严夜寂寥。
悲笳数声动，壮士惨不骄。
借问大将谁？恐是霍嫖姚。

（《后出塞》）

挽弓当挽强，用箭当用长。
射人先射马，擒贼先擒王。
杀人亦有限，列国自有疆。
苟能制侵陵，岂在多杀伤。

（《前出塞》）

高适的：

汉家烟尘在东北，汉将辞家破残贼。
男儿本自重横行，天子非常赐颜色。
……

山川萧条极边土，胡骑凭陵杂风雨。
战士军前半死生，美人帐下犹歌舞。
大漠穷秋塞草腓，孤城落日斗兵稀。
身当恩遇常轻敌，力尽关山未解围。
铁衣远戍辛勤久，玉箸应啼别离后。
少妇城南欲断肠，征人蓟北空回首。
边庭飘飖那可度，绝域苍茫更何有。
杀气三时作阵云，寒声一夜传刁斗。
……

（《燕歌行》）

这类作品，不独《三百篇》《楚辞》所无，即汉魏晋宋也未曾有。从前虽然有些摹写侠客的诗，但豪迈气概总不能写得尽致。内中鲍明远最喜作豪语，但总有点不自然。所以这种文学可以说是经过一番民族化合以后，到唐朝才会发生。那时的音乐和美术都很受民族化合的影响，文学自然也逃不出这个公例。

写关塞景况，寓悲壮情感，是唐以后新增的诗料（前此虽有，但不多，且不好）。词曲以缘情绮靡为主，用这种资料却不多。范文正有一首最好：

塞下秋来风景异，衡阳雁去无留意。四面边声连角起，千嶂里，长烟落日孤城闭。

浊酒一杯家万里，燕然未勒归无计。羌管悠悠霜满地，人不寐，将军白发征夫泪。

词里头的苏辛派自然却带几分这种色彩。内中最粗豪的，如稼轩的：

醉里挑灯看剑，梦回吹角连营。八百里分麾下炙，五十弦翻塞外声。沙场秋点兵。

马作的卢飞快，弓如霹雳弦惊。了却君王天下事，赢得生前身后名。可怜白发生！

（《破阵子》）

名家的词，最粗犷的莫过刘后村，几乎全部集都是这一类的话。他最著名的一首是：

何处相逢，登宝钗楼，访铜雀台。唤厨人斫就，东溟鲸脍，圉人呈罢，西极龙媒。天下英雄，使君与操，余子何堪共酒杯。车千乘，载燕南代北，剑客奇才。

酒酣画鼓如雷，谁信被晨鸡轻唤回。叹年光过尽，功名未立，书生老去，机会方来。使李将军，遇高皇帝，万户侯何足道哉。披衣起，但凄凉感旧，慷慨生哀。

（《沁园春》）

这一派词我本来不大喜欢，因为它有烂名士爱说大话的习气。但它确带点北朝气味，在文学史上应备一格的。

曲本里头有一首杂剧，像是明末清初的作品，演的是“鲁智深醉打山门”。那鲁智深拜别他的师父时，唱道：

漫洒英雄泪，相离处士家。谢慈悲，剃度在莲台下。没缘法，转眼分离乍。赤条条，来去无牵挂。那里讨，烟蓑雨笠卷单行？一任俺芒鞋破钵随缘化！

也是刻意从粗犷一面做，因为替粗犷的人表情，不如此便失真了。

七、蕴藉的表情法

这回讲的是含蓄蕴藉的表情法。这种表情法向来批评家认为文学正宗，或者可以说是中华民族特性的最真表现。这种表情法和前两种不同：前两种是热的，这种是温的；前两种是有光芒的火焰，这种是拿灰盖着的炉炭。

这种表情法也可以分四类：第一类是，情感正在很强的时候，它却用很有节制的样子去表现它，不是用电气来震，却是用温泉来浸，令人在极平淡之中慢慢地领略出极渊永的情趣。这类作品自然以《三百篇》为绝唱。如：

瞻彼日月，悠悠我思。
道之云远，曷云能来？

如：

昔我往矣，杨柳依依。
今我来思，雨雪霏霏。
行道迟迟，载渴载饥。

如：

君子于役，不知其期。曷至哉？鸡栖于埘，日之夕矣，牛羊下来。君子于役，如之何勿思！

拿这类诗和前头几回所引的相比较：前头的像外国人吃咖啡，炖到极浓，还搀上白糖牛奶；这类诗像用虎跑泉泡出的雨前龙井，望过去连颜色也没有，但吃下去几点钟，还有余香留在舌上。它是把情感收敛到十足，微微发放点出来，藏着不发放的还有许多，但发放出来的确是全部的灵影，所以神妙。

汉魏五言诗以这一类为正声。如李陵的：

携手上河梁，游子暮何之。
徘徊蹊路侧，悢悢不能辞。
行人难久留，各言长相思。
安知非日月，弦望自有时。
努力崇明德，皓首以为期。

那神味和“瞻彼日月”一章完全相同，真算得“含毫邈然”。又如古诗十九首里头的：

迢迢牵牛星，皎皎河汉女。
纤纤擢素手，札札弄机杼。
终日不成章，泣涕零如雨。
河汉清且浅，相去复几许！
盈盈一水间，脉脉不得语。

涉江采芙蓉，兰泽多芳草。

采之欲遗谁，所思在远道。
还顾望旧乡，长路漫浩浩。
同心而离居，忧伤以终老。

这类诗都是用淡笔写浓情，算得汉人诗格的代表，后来如曹子建的：

高台多悲风，朝日照北林。
之子在万里，江湖迥且深。
……

阮嗣宗的：

嘉时在今辰，零雨洒尘埃。
临路望所思，日夕复不来。
……

陶渊明的：

……

情通万里外，形迹滞江山。

君其爱体素，来会在何年？

谢玄晖的：

大江流日夜，客心悲未央。

徒念关山近，终知返路长。

……

都是这一派。汉魏六朝诗，这一类的好作品很多。

这一派到初唐时变了样子：他们把这类诗改做“长言永叹”的形式，很有些长篇，但着墨虽多，依然是以淡写浓。我譬喻它好像一桌极讲究的素菜全席。有张若虚一首，可算代表作品：

春江潮水连海平，海上明月共潮生。

滟滟随波千万里，何处春江无月明！

江流宛转绕芳甸，月照花林皆如霰。

空里流霜不觉飞，汀上白沙看不见。
江天一色无纤尘，皎皎空中孤月轮。
江畔何人初见月？江月何年初照人？
人生代代无穷已，江月年年望相似。
不知江月待何人，但见长江送流水。
白云一片去悠悠，青枫浦上不胜愁。
谁家今夜扁舟子？何处相思明月楼？
可怜楼上月徘徊，应照离人妆镜台。
玉户帘中卷不去，捣衣砧上拂还来。
此时相望不相闻，愿逐月华流照君。
鸿雁长飞光不度，鱼龙潜跃水成文。
昨夜闲潭梦落花，可怜春半不还家。
江水流春去欲尽，江潭落月复西斜。
斜月沉沉藏海雾，碣石潇湘无限路。
不知乘月几人归，落月摇情满江树。

（《春江花月夜》）

这首诗读起来令人飘飘有出尘之想。“江畔何人初见月？江月何年初照人？”“谁家今夜扁舟子？何处相思明月楼？”这类话，真是诗家最空灵的境界。全首读来固然回肠荡气，但那音节既不是哀丝豪竹一路，也不是急管促板一路；专用和平中声，出以摇曳，确是《三百篇》正脉。

初唐佳作都是这一路，虽然悲慨的情感，总用极和平的音节表它。如李峤的：

……
自从天子向秦关，玉辇金舆不复还。
珠帘羽扇长寂寞，鼎湖龙髯安可攀。
千龄人事一朝空，四海为家此路穷。
豪雄意气今何在，坛场宫馆尽蒿蓬。
路逢故老长叹息，世事回环不可测。
昔时青楼对歌舞，今日黄埃聚荆棘。
山川满目泪沾衣，富贵荣华能几时？
不见只今汾水上，唯有年年秋雁飞。

（《汾阴行》）

相传唐明皇幸蜀时候听人背这首诗，泪数行下，叹道："李峤真才子！"这种诗的品格高下别一问题，但确是初唐代表，确是中国诗界传统的正声。后来白香山从这里一转手，吴梅村再从这里一转手，但可惜越转越卑弱。

盛唐以后，这一派自然也不断，好的作品自然也不少；但在古体里头，已经不很通用，因为五古很难出汉魏范围，七古很难出初唐范围。倒是近体从这方面开拓境界，因为近体篇幅短，非用含蓄之笔、取弦外之音便站不住，内中五律七绝为尤甚。唐人著名的七绝，和孟、王、韦、柳的五律，都是这一派。杜工部诗虽以热烈见长，他的五律，如"凉风起天末""今夜鄜州月""幽意忽不惬"等篇也都是这一派。

王渔洋专提倡神韵，他所标举的话，这"不着一字，尽得风流""羚羊挂角，无迹可寻"，虽然太偏了些，但总不能不认为诗中高调。我想：他这种主张是对的，但这类诗做得好不好，全问意境如何。我们若依然仅有《三百篇》、汉魏初唐人的意境，任凭你运笔怎样灵妙，也不能出他们的范围；只有变成打油派，令人讨厌。我们生当今日，新意境是比较容易取得的，那么，这一派诗，我们还是要尽力地提倡。

第二类的蕴藉表情法不直写自己的情感，乃用环境或别人的情感烘托出来。用别人情感烘托的，例如《诗经》：

陟彼冈兮，瞻望兄兮。兄曰："嗟！予弟行役，夙夜必偕。上慎旃哉，犹来！无死！"……

（《陟岵》）

这篇诗三章，第一章父，第二章母，第三章兄。不说他怎样地想念爷、妈、哥哥，却说爷、妈、哥哥怎样地想念他。写相互间的情感，自然加一层浓厚。

用环境烘托的，例如《诗经》：

我徂东山，慆慆不归。我来自东，零雨其濛。鹳鸣于垤，妇叹于室。洒扫穹窒，我征聿至。有敦瓜苦，蒸在栗薪。自我不见，于今三年。

（《东山》）

且不说回家会着家人的情况，但对一件极琐碎的事物——柴堆上头一棚瓜说："咱们违教三年了。"言外的感慨不知有多少。

古乐府《孔雀东南飞》最得此中三味。兰芝和焦仲卿言别，该篇中最悲惨的一段，他却悲呀泪呀……不见一个字，但说：

> 妾有绣腰襦，葳蕤自生光；红罗复斗帐，四角垂香囊；箱帘六七十，绿碧青丝绳，物物各自异，种种在其中。人贱物亦鄙，不足迎后人，留待作遗施，于今无会因。……
>
> （古诗《为焦仲卿妻作》）

专从纪念物上头讲，用物来做人的象征，不说悲，不说泪，倒比说出来的还深刻几倍。到别小姑时，却把悲情尽地发泄了。

> 却与小姑别，泪落连珠子："新妇初来时，小姑始扶床；今日被驱遣，小姑如我长。勤心

养公姥，好自相扶将。初七及下九，嬉戏莫相忘。”……

（同上）

兰芝的眼泪不向丈夫落，却向小姑落。和小姑说话，不说现时的悽惨，只叙过去的情爱；没有怨恨话，只有宽慰和劝勉的话。只这一段，便能把兰芝极高尚的人格、极浓厚的爱情全盘涌现出来。

后来用这类表情法也是杜工部最好。如他的《羌村》三首：

峥嵘赤云西，日脚下平地。
柴门鸟雀噪，归客千里至。
妻孥怪我在，惊定还拭泪。
世乱遭飘荡，生还偶然遂。
邻人满墙头，感叹亦歔欷。
夜阑更秉烛，相对如梦寐。

晚岁迫偷生，还家少欢趣。

娇儿不离膝，畏我复却去。
忆昔好追凉，故绕池边树。
萧萧北风劲，抚事煎百虑。
赖知禾黍收，已觉糟床注。
如今足斟酌，且用慰迟暮。

群鸡正乱叫，客至鸡斗争。
驱鸡上树木，始闻叩柴荆。
父老四五人，问我久远行。
手中各有携，倾榼浊复清。
莫辞酒味薄，黍地无人耕。
兵戈既未息，儿童尽东征。
请为父老歌，艰难愧深情。
歌罢仰天叹，四座泪纵横。

这三首实写自己情感的地方很少（第二首有“少欢趣”“煎百虑”等语，在三首中这首却是次一等），只是说日怎么样，云怎么样，鸟怎么样，鸡怎么样，老妻怎么样，儿子怎么样，邻居怎么样：合起来，他所谓

“死去凭谁报，归来始自怜”的情感都表现出了。还有《北征》里头的一段，也是这种笔法：

……

况我堕胡尘，及归尽华发。

经年至茅屋，妻子衣百结。

……

平生所娇儿，颜色白胜雪。

见耶背面啼，垢腻脚不袜。

床前两小女，补绽才过膝。

海图坼波涛，旧绣移曲折。

天吴及紫凤，颠到在短褐。

……

那无囊中帛，救汝寒凛栗。

粉黛亦解苞，衾裯稍罗列。

瘦妻面复光，痴女头自栉。

学母无不为，晓妆随手抹。

移时施朱铅，狼藉画眉阔。

……

问事竞挽须，谁能即嗔喝。

……

这种诗所用表情技术可以说和《陟岵》同一样，不写自己情感，专写别人情感。写别人情感，专从极琐末的实境表出，这一点又是和《东山》同样。这一类诗我想给它一个名字，叫做“半写实派”。它所写的事实是用来做烘出自己情感的手段，所以不算纯写实；它所写的事实全用客观的态度观察出来，专从断片的表出全相，正是写实派所用技术，所以可算得半写实。

第三类蕴藉表情法索性把情感完全藏起不露，专写眼前实景（或是虚构之景），把情感从实景上浮现出来。这种写法，《三百篇》中很少，勉强举个例，如：

春日载阳，有鸣仓庚。女执懿筐，遵彼微行，爰求柔桑。春日迟迟，采蘩祁祁。女必伤悲，殆及公子同归。

（《七月》）

这是专从节物上写那种和乐融泄的景象，作者的情绪自然跟着表现出来。

但这首还有人在里头，带着写别人的情感，不能纯粹属于此类。此类的真正代表可以举出几首。其一，曹孟德的：

> 东临碣石，以观沧海。水何澹澹，山岛竦峙。
> 树木丛生，百草丰茂。秋风萧瑟，洪波涌起。
> 日月之行，若出其中。星汉灿烂，若出其里。
>
> （《观沧海》）

这首诗仅仅写映在他眼中的海景，他自己对着这景有什么感触，一个字未尝道及。但我们读起来，觉得他那宽阔的胸襟、豪迈的气概，一齐流露。

北齐有一位名将斛律光，是不识字的，有一天皇帝在殿上要各人做诗，他冲口做了一首，便成千古绝唱。那诗是：

> 敕勒川，阴山下。天似穹庐，笼盖四野。天苍

苍，野茫茫。风吹草低见牛羊。

（《敕勒歌》）

这诗是独自一个人骑匹马在万里平沙中所看见的宇宙，他并没说出有什么感想，我们读过去，觉得有一个粗豪沉郁的人格活跳出来。

阮嗣宗《咏怀》里头有一首：

独坐空堂上，谁可与欢者。
出门临永路，不见行车马。
登高望九州，悠悠分旷野。
孤鸟西北飞，离兽东南下。
日暮思亲友，晤言用自写。

这首诗一起一结，虽然也轻轻地点出他的情感，但主要处全在中间几句，从环境上写出那种百无聊赖、哀乐万端的情绪，把那位哭穷途的先生全副面孔活现出来。

杜工部用这种表情法也用得最好。试举他两首：

竹凉侵卧内，野月满庭隅。
重露成涓滴，稀星乍有无。
暗飞萤自照，水宿鸟相呼。
万事干戈里，空悲清夜徂。

（《倦夜》）

这首诗题目是《倦夜》，看他前面仅仅三十个字，从初夜到中夜到后夜，初时看见月看见露，月落了看见星看见萤，天差不多亮了听见水鸟，写的全是自然界很微细的现象，却是通宵睡不着很疲倦的人才能看出。那“倦”的情绪自在言外，末两句一点便够。又：

风急天高猿啸哀，渚清沙白鸟飞回。
无边落木萧萧下，不尽长江滚滚来。
……

（《登高》）

这首是工部最有名的七律，小孩子都读过的。假令我们当作没有读过，掩住下半首，闭眼想一想情形，谁也该想得到是在长江上游——四川、湖北交界地方秋天一个独客登高时候所见的景物。底下“万里悲秋常作客，百年多病独登台”那两句，不过章法结构上顺手一点，其实不用下半首，已经能把全部情绪表出。

须知这类诗和单纯写景诗不同：写景诗以客观的景为重心，它的能事在体物入微，虽然景由人写，景中离不了情，到底是以景为主。这类诗以主观的情为重心，客观的景不过借来做工具。试把工部的“竹凉侵卧内”和王右丞的“万壑树参天，千山响杜鹃。山中一夜雨，树杪百重泉。……”比较，便见得王作是纯客观的，杜作是主观气氛甚重。

第四类的蕴藉表情法虽然把情感本身照原样写出，却把所感的对象隐藏过去，另外拿一种事物来做象征。这类方法，《三百篇》里头很少——前所举《鸱鸮》篇可以归入这类，“山有榛，隰有苓”“谁能烹鱼？溉之釜鬵”等篇，也带点这种气味，但属少数，且不纯粹——因为《三百篇》的原则多半是借一件事物起兴，跟着便拍归本旨，像那种打灯谜似的象征法，那时代的诗人不大用它。但作诗的人虽然如此，后来读诗的人却不同了。试打开《左传》一看，当时凡有宴会都要赋诗，赋诗的人在《三百篇》里头随意挑选一篇借来表示自己当时所感。同一篇诗，某甲借来表这种感想，某乙也可以借来表那种感想。拿我们今日眼光看去，很有些莫名其妙。所以我说：《三百篇》的作家没有象征派，然而《三百篇》久已做象征的应用。

纯象征派之成立起自《楚辞》。篇中许多美人芳草，纯属代数上的符号，它意思别有所指。如《离骚》中：

览相观于四极兮，周流乎天余乃下。
望瑶台之偃蹇兮，见有娀之佚女。
吾令鸩为媒兮，鸩告余以不好。
雄鸠之鸣逝兮，余犹恶其佻巧。
心犹豫而狐疑兮，欲自适而不可。
凤皇既受诒兮，恐高辛之先我。
欲远集而无所止兮，聊浮游以逍遥。
及少康之未家兮，留有虞之二姚。
理弱而媒拙兮，恐导言之不固。

世溷浊而嫉贤兮，好蔽美而称恶。
……

又：

时缤纷其变易兮，又何可以淹留？
兰芷变而不芳兮，荃蕙化而为茅。
何昔日之芳草兮，今直为此萧艾也？
……
余以兰为可恃兮，羌无实而容长。
委厥美以从俗兮，苟得列乎众芳。
椒专佞以慢慆兮，榝又欲充夫佩帏。
既干进而务入兮，又何芳之能祗？
固时俗之从流兮，又孰能无变化？
览椒兰其若兹兮，又况揭车与江离。
……

这类话若不是当作代数符号看，那么，屈原到处调情、到处拈酸吃醋，岂不成了疯子？蕙会变茅，兰会变艾，天下哪有这情理？太史公说得好："其志洁，故其称物芳。"他怀抱着一种极高尚纯洁的美感，于无可比拟中借这种词来名比拟。他既有极秾温的情感本质，用他极微妙的技能，借极美丽的事物做魂影，所以着墨不多，便尔沁人心脾。如：

惜吾不及古人兮，吾谁与玩此芳草。

（《思美人》）

如：

沅有芷兮澧有兰，思公子兮未敢言。

（《湘夫人》）

如：

夫人自有兮美子，荪何为兮愁苦？

（《少司命》）

如：

心不同兮媒劳，恩不甚兮轻绝。

（《湘君》）

这都是带一种神秘性的微妙细乐，经千百年后按奏，都能使人心弦震荡。

自《楚辞》开宗后，汉魏五言诗多含有这种色彩。如“庭中有奇树”“迢迢牵牛星”等篇，乃至张平子的《四愁》，都是寄兴深微一路，足称《楚辞》嗣音。

中晚唐时，诗的国土被盛唐大家占领殆尽，温飞卿、李义山、李长吉诸人便想专从这里头辟新蹊径。飞卿太靡弱，长吉太纤仄，且不必论；义山确不失为一大家。道一派后来衍为西昆体，专务扯挦词藻，受人诟病。近来提倡白话诗的人不消说是极端反对他了。平心而论，这派固然不能算诗的正宗，但就“唯美的”眼光看来，自有它的价值。如义山集中近体的《锦瑟》《碧城》《圣女祠》等篇，古体的《燕台》《河内》等篇，我敢说他能和中国文字同其运命。就中如《碧城》三首的第一首：

碧城十二曲阑干，犀辟尘埃玉辟寒。
阆苑有书多附鹤，女床无树不栖鸾。
星沉海底当窗见，雨过河源隔座看。
若使晓珠明又定，一生长对水晶盘。

这些诗，他讲的什么事，我理会不着，拆开一句一句地叫我解释，我连文义也解不出来。但我觉得它美，读起来令我精神上得一种新鲜的愉快。须知：美是多方面的，美是含有神秘性的。我们若还承认美的价值，对于这种文学是不容轻轻抹杀啊！

八、附论女性文学与女性情感

现在要附一段专论女性文学和女性情感。

《三百篇》中——尤其《国风》——女子作品实在不少。如《绿衣》《燕燕》《谷风》《泉水》《柏舟》

《载驰》《氓》《竹竿》《伯兮》《君子于役》《狡童》《褰裳》《鸡鸣》，或传说上确有作者主名，或从文义推测得出。我们因此可想见那时候女子的教育程度和文学兴味比后来高些；或者是男女社交不如后世之闭绝，所以我们的情感有发舒之余地，而且能传诵出来。内中有好几篇最能发挥女性优美特色。如：

黾勉同心，不宜有怒。
采葑采菲，无以下体？
德音莫违，及尔同死。

（《谷风》）

如：

匪我愆期，子无良媒。
将子毋怒，秋以为期。

（《氓》）

这两首都是弃妇所作，追述从前爱情，有不堪回首之想。一种温厚肫笃之情在几句话上全盘托出。又如：

君子于役，苟无饥渴！

（《君子于役》）

伤离念远，四个字抵得千百句话。又如：

泛彼柏舟，在彼中河。髡彼两髦，实维我仪。之死矢靡它。母也天只！不谅人只！

（《柏舟》）

这首相传是卫共姜所作，父母逼她离婚，她不肯。那坚强的意志和专一的肫笃的爱情都表现出，却是怨而不怒，纯是女子身份。又如：

载驰载驱，归唁卫侯。驱马悠悠，言至于漕。大夫跋陟，我心则忧。

既不我嘉，不能旋反。视尔不臧，我思不远。

既不我嘉，不能旋济？视尔不臧，我思不閟。

陟彼阿丘，言采其蝱。女子善怀，亦各有行。许人尤之，众稚且狂。

我行其野，芃芃其麦。控于大邦，谁因谁极？大夫君子，无我有尤。百尔所思，不如我所之。

（《载驰》）

这首是许穆夫所作。她是卫国女儿，卫国亡了，她要回去省视她兄弟，许国人不许她，因此作诗。一派缠绵悱恻，把女性优美完全表出。

女子很少专门文学家，不唯中国，外国亦然。想是成年以后受生理上限制所致。汉魏以来女性作品，如秦嘉妻徐淑，如班婕妤，各有一两首，都很平平。蔡文姬的《胡笳十八拍》似是唐人所谱。《悲愤》两首大概是真。她遭乱被掠入匈奴，是人生极不幸的遭际。她自己说：

薄志节兮念死难，虽苟活兮无形颜。

可怜她情爱的神圣早已为境遇所牺牲了，所剩只有母子情爱，到底也保不住。她诗说：

……
己得自解免，当复弃儿子。
……
儿前抱我颈，问母欲何之。
人言母当去，岂复有还时。
阿母常仁恻，今何更不慈？
我尚未成人，奈何不顾思？
见此崩五内，恍惚生狂痴。
号泣手抚摩，当发复回疑。
……

我们读这诗，除了同情之外，别无可说，她的情爱到处被蹂躏，她所写全是变态，但从变态中还见出爱芽的实在。

窦滔妻苏蕙的《回文锦》，真假不敢断定，大约真的分数多。这个作品技术的緻巧，不惟空前，或者竟可说是绝后。但太雕琢违反自然了。她说：“非我佳人

（指窦滔），莫之能解”，只能算是他两口子猜谜，不能算文学正宗。若说这作品在我们文学史上有价值，只算它能够代表女性细致头脑的部分罢了。

苏伯玉妻《盘中诗》：

> 山树高，鸟啼悲。泉水深，鲤鱼肥。空仓雀，常苦饥。吏人妇，会夫稀。出门望，见白衣。谓当是，而更非。还入门，中心悲。……

这首不敢断定必为女性作品，但情绪写得很好。

古乐府中有几首，不得作者主名，不知为男为女。假定若出女子，便算得汉魏间女性文学中翘楚了。如：

> 上山采蘼芜，下山逢故夫。
> 长跪问故夫，新人复何如？
> 新人虽言好，未若故人姝。
> 颜色类相似，手爪不相如。
> 新人从门入，故人从阁去。
> 新人工织缣，故人工织素。

织缣日一匹，织素五丈余。

将缣来比素，新人不如故。

又如：

……

夫婿从门来，斜柯西北眄。语卿且勿眄，水清石自见。石见何累累，远行不如归。

这类诗很表示女性的真挚和纯洁，我们若认它是女性作品，价值当不在《谷风》《氓》之下。

唐宋以后，闺秀诗虽然很多，有无别人捉刀，已经待考；就令说是真，够得上成家的可以说没有。词里头算有几位，宋朱希真的《断肠词》，李易安的《漱玉词》，清顾太清的《东海渔歌》，可以说不愧作者之林。内中惟易安杰出，可与男子争席，其余也不过尔尔。可怜我们文学史上极贫弱的女界文学，我实在不能多举几位来撑门面。

男子作品中写女性情感——专指作者替女性描写情

感，不是指作者对于女性相互间情感——以《楚辞》为嚆矢。前段所讲“美人芳草”就是这一类。如：

君不行兮夷犹，蹇谁留兮中洲。
美要眇兮宜修，沛吾乘兮桂舟。
令沅湘兮无波，使江水兮安流。
望夫君兮未来，吹参差兮谁思。
……

（《湘君》）

帝子降兮北渚，目眇眇兮愁予。
袅袅兮秋风，洞庭波兮木叶下。
……
沅有茝兮澧有兰，思公子兮未敢言。
荒忽兮远望，观流水兮潺湲。
……

（《湘夫人》）

入不言兮出不辞，乘回风兮载云旗。

悲莫悲兮生别离，乐莫乐兮新相知。
荷衣兮蕙带，儵而来兮忽而逝。
夕宿兮帝郊，君谁须兮云之际。
与女沐兮咸池，晞女发兮阳之阿。
……

（《少司命》）

这几首都是描写极美丽、极高洁的女神，我们读起来，和看见希腊名雕温尼士女神像同一美感，可谓极技术之能事。这种文学优美处不在字句艳丽，而在字句以外的神味。后来摹仿的很多，到底赶不上。李义山的《重过圣女祠》：

白石岩扉碧藓滋，上清沦谪得归迟。
一春梦雨常飘瓦，尽日灵风不满旗。
……

全从以上几首脱胎。飘逸华贵诚然可喜，但女神的情感便不容易着一字了。

汉魏古诗，写两性间相互情爱者很多，专描女性者颇少，今不细论。六朝时南北人性格很有些不同，在他们描写女性上也可以看出，北朝写女性之美，专喜欢写英爽的姿态。如：

……
好妇出迎客，颜色正敷愉。
伸腰再拜跪，问客平安不。
请客北堂上，坐客毡氍毹。
清白各异樽，酒上正华疏。
酌酒持与客，客言主人持。
却略再拜跪，然后持一杯。
谈笑未及竟，左顾敕中厨。
促令办粗饭，慎莫使稽留。
废礼送客出，盈盈府中趋。
送客亦不远，足不过门枢。
……

（《陇西行》）

读起来仿佛入到欧洲交际社会，一位贵妇人极和蔼、极能干的美态活现目前。又如：

……旦辞爷娘去，暮宿黄河边，不闻爷娘唤女声，但闻黄河流水鸣溅溅。旦辞黄河去，暮至黑山头，不闻爷娘唤女声，但闻燕山胡骑声啾啾。……可汗问所欲，木兰不用尚书郎。愿借明驼千里足，送儿还故乡。……

（《木兰辞》）

这首写女子从军，虽然是一种异态，但决非南朝人意想中所能构造。最妙者是刚健之中处处含婀娜，确是女性最优美之点。

南朝人便不同了。他们理想中女性之美可以拿梁元帝的《西洲曲》做代表：

忆梅下西洲，折梅寄江北。
单衫杏子红，双鬓鸦雏色。
西洲在何处？两桨桥头渡。

日暮伯劳飞，风吹乌臼树。
树下即门前，门中露翠钿。
开门郎不至，出门采红莲。
采莲南塘秋，莲花过人头。
低头弄莲子，莲子清如水。
置莲怀袖中，莲心彻底红。
忆郎郎不至，仰首视飞鸿。
鸿飞满西洲，望郎上青楼。
楼高望不见，尽日栏干头。
栏干十二曲，垂手明如玉。
卷帘天自高，海水摇空绿。
海水梦悠悠，君愁我亦愁。
南风知我意，吹梦到西洲。

这首诗写怀春女儿天真烂漫的情感，总算很好，所写的人格亦并不低下，但总是南派萎靡的情绪，和北派截然两样。后来作家，大概脱不了这窠臼。

唐诗写女性最好的，莫过于杜工部的《佳人》：

绝代有佳人，幽居在空谷。
自云良家子，零落依草木。
……
在山泉水清，出山泉水浊。
侍婢卖珠回，牵萝补茅屋。
摘花不插发，采柏动盈掬。
天寒翠袖薄，日暮倚修竹。

工部理想的佳人，品格是名贵极了，性质是高亢极了，体态是幽艳极了，情绪是浓至极了。有人说这首诗便是他自己的写照，或者不错。总之，描写女性之美，我说这首是千古绝唱。

太白《长干行》摹仿《西洲曲》很像，写小家儿女的情爱，也还逼真，但价值不过尔尔。

李义山写女性的诗几居全集三分之一，但义山是品性堕落的诗人，他理想中的美人不过娼妓，完全把女子当男子玩弄品，可以说是侮辱女子人格。义山天才确高，爱美心也很强，倘使他的技术用到正途，或者可以做写女性情感的圣手，看他《悼亡》诸作可知。可惜他本性和环境都太坏，仅成就得这种结果。不惟在文学界没有好影响，而且留下许多遗毒，真是我们文学史上一件不幸了。

词里头写女性最好的，我推苏东坡的《洞仙歌》：

冰肌玉骨，自清凉无汗。水殿风来暗香满。绣帘开，一点明月窥人，人未寝，攲枕钗横鬓乱。

起来携素手，庭户无声，时见疏星渡河汉。试问夜如何？夜已三更，金波淡，玉绳低转。但屈指西风几时来，又不道流年暗中偷换。

好处在情绪的幽艳、品格的清贵，和工部《佳人》不相上下。稼轩的：

蓦然回首，那人却在，灯火阑珊处。

（《青玉案》）

白石的：

想佩环、夜月归来，化作此花幽独。

（《疏影》）

都能写出品格。柳屯田写女性的词最多，可惜毛病和义山一样，藻艳更在义山下。

曲本每部总有女性在里头，但写得好的很少。因为它们所构曲中情节本少好的，描写曲中人物自然不会好。例如《西厢记》一派，结局是调情猥亵，如何能描出清贵的人格？又如《琵琶记》一派，主意在劝惩，并不注重女性的真美。所以曲本写女性虽多，竟找不出能令我心折的作品。内中唯汤玉茗在最浪漫式的人。《牡丹亭·惊梦》里头确有些新境界。如：

可知我常一生儿爱好是天然。恰三春好处无人见。……

“爱好是天然”这句话真所谓为爱美而爱美，从前没有人能道破，写女性高贵，此为极品了。底下跟着衍这段意思，也有许多名句。如：

朝飞暮卷，云霞翠轩。雨丝风片，烟波画船。锦屏人忒看的韶光贱。

如：

则为俺生小婵娟，拣名门一例一例里神仙眷。甚良缘，把青春抛得远。俺的睡情谁见？……

如：

则为你如花美眷，似水流年，是答儿闲寻遍，在幽闺自怜。

这些词句把情绪写得像酒一般浓，却不失闺秀身分，在艳词中算是最上乘了。

这段末后还有几句话要讲讲：近代文学家写女性，大半以“多愁多病”为美人模范，古代却不然。《诗经》所赞美的是“硕人其颀”，是“颜如舜华”；《楚辞》所赞美的是“美人既醉，朱颜酡些。嬉光眇视，目层波些”；《汉赋》所赞美的是“精耀华烛，俯仰如神”，是“翩若惊鸿，矫若游龙”。凡这类形容词，都是以容态之艳丽和体格之俊健合构而成，从未见以带着病的恹弱状态为美的。以病态为美起于南朝，适足以证明女学界的病态。唐宋以后的作家都汲其流，说到美人便离不了病，真是文学界一件耻辱。我盼望往后文学家描写女性，最要紧先把美人的健康恢复才好。

附：梁启超演讲五篇

学生自修之三大要义

学问之趣味

为学与做人

敬业与乐业

治国学的两条大路

（这五篇演讲稿系本简体字版新增）

学生自修之三大要义

鄙人于两年前尝居此月余，与诸君日夕相见，虽年来奔走四方，席不暇暖，所经危难，不知凡几，然与诸君之感情，既深且厚，未尝一日忘。故在此百忙中，亦不能不一来与诸君相见。

相去两载，人事之迁移又如许矣。旧日之座上诸君，当有一部分已远游外国，而今日座中诸君，想有一部分乃新来，未曾相识。唯大多数当能认此故人。今对于校长及各教员殷勤之情意，与乎诸君活泼之精神，鄙人无限愉快。聊作数言，以相切磋，题为《学生自修之三大要义》。

（一）为人之要义。

（二）做事之要义。

（三）学问之要义。

第一，为人之要义。古来宗教、哲学等书，言之已不胜其详，唯欲作一概括之语以论之，则“反省克己”四字，为最要义。反省之结果，即人与禽兽之所由分也。生理作用，人畜无异焉，如饥而思食，渴而思饮，劳而思息，倦而思眠。凡有血气，莫或不尔。唯禽兽则全为生理冲动所支配，人则于生理冲动之时，每能加以思索，是谓反省。反省而觉其不当，则收束其欲望，是谓克己。如饥火内煎，见有可食之物，陈于吾前，禽兽则不问其谁属，辄攫而食之。人则不然，物非所有，固不能夺，即所有权乃属于我，亦当思所以分惠同病之人，此道德之所由生也。

《论语》所谓“吾日三省吾身”，又曰“而内自省也”，又曰“内省不疚”，皆申明此反省之要义。凡事思而后行，言思而后出，此立身之大本也。人之所以为万物之灵，亦因其具有此种能力，唯必思所以发达之而已。此似易而实最难，唯当慎之于始。譬如以不诚之举动欺人，以快意道他人之短长，传播以为谭柄，此人类之恶根性。自非圣哲，莫不有之。若放纵而不自克，便成习惯，循至此心不能自主，堕落乃不知所届，古来圣贤立教，不外纠正人之此种习惯。唯不自省，至此恶性已成，习惯曾不自觉，则虽有良师益友，亦莫能助也。

诸君之年龄，在人生最有希望之时期，然亦为最危险之时期。大抵十五二十时，乃终身最大之关头，宜谨慎小心，以发达良心之本能，使支配耳目手足，勿为耳目手足所支配。事之来也，可行与否，宜问良心，良心之第一命令，必为真理，宜服从之。若稍迟疑，则耳目手足之欲，必各出其主意，而妄发命令，结果必大错谬。譬诸受他人之所托，代保管其金钱，良心之第一命令，必曰克尽厥职，勿坠信用也，若不服从此命令，则耳目之欲，必曰吾久枯寂；盍假此以入梨园，口腹之欲，必曰吾久干燥，盍假此以访酒家。如是则良心之本能，竟为物欲所蔽矣。小事如此，大事亦何独不然？历史上之恶人，遗臭万世，然当日其良心之第一命令，必无误也。人之主体，乃在良心，须自幼养成良心之独立，勿为四肢五官之奴隶。身奴于人，尚或可救，唯自作肢体之奴隶，则莫能助，唯当反省克己而已。

第二，做事之要义。大抵各人之所受用，固自有其独到处，未必从同。若鄙人则以“精力集中”四字为做事之秘诀，以为必如此，其力乃大。譬诸以镜取火，集径寸之日光于一点，着物即燃，此显而易见者也。凡事不为则已，为之必用全力，乃克有成。昔有一文弱之孝子，力不能缚一鸡，父死未葬，比邻失慎，延及居庐，此子乃举棺而出诸火。此何故？精力集中而已。语曰：“至诚所感，金石为开。”又曰：“思之思之，鬼神通之。”李广射石没羽，非无稽也。即以最近之事言之，蔡公松坡，体质本极文弱，然去年在四川之役，尝十昼夜不得宁息，更自出其精力，以鼓将士之勇气，卒获大胜。非精力集中，岂能及此？

盖精力与物不同，物力有定限，而精力则无穷。譬诸五百马力之机器，五百即其定量矣，精力则不然，善用之则其力无限，此人类之所以不可思议也。《论语》所谓“居处恭，执事敬”，此语最为精透。据朱子所解释，谓敬者主一无适之谓。主一无适，即精力集中而已。法国人尝著一书，以自箴其国人，谓英国人每做一事，必集精力而为之，法人则不如此，英之所以能强也。至于中国，更何论焉？中且不有，何集之云？执业不对于职务负责任，而思及其次，此我国之国民性也。为学亦然，慧而不专，愚将胜之。学算而思及于文，文固不成，算亦无得，此一定之理也。

余最有此等经验，每作一文，或演说，若吾志认为必要时，聚精神而为之，则能动人。己之精力多一分，则人之受感动亦多一分。若循例敷衍，未见其有能动人者矣。正如电力之感应，丝毫不容假借也。曾文正谓精神愈用而愈强，愿诸君今日于学业上，日操练此精神，而他日任事，自能收效矣。

第三，学问之要义。勤也，勉也。此古圣贤所以劝人为学之言也。余以为，学问之道，宜先在开发本能。

孔子曰："人能弘道，非道弘人。"苏格拉底曰："余非以学问教人，乃教人以为学。"此即所谓能与人规矩，不能使人巧，所成几许，求其在我而已。若求学而专以试验及格为宗旨，则试验之后，学问即还诸教师，于我无有也。然则若何？曰："当求在应用而已。"譬诸算学，于记账之外，当用之以细心思；譬诸几何，于绘图之外，当用之以增条理。凡百学问，莫不皆然。若以学问为学校照例之功课，谓非此不足以得毕业证书，则毕业之后，所学悉还诸教师，于己一无所得也。例如体操，学校之常课也，其用在强健身体，为他日任事之预备。若云非此不足以得文凭，吾强为之，则假期之后，其可以按日昼寝矣乎？是无益也。

孔子曰："古之学者为己，今之学者为人。"学以致用，即为己也，欲得文凭，以炫耀乡人，此为人也。年来毕业学生，奚啻千万，问其可以能致用于国家者，能有几人？此无他，亦曰为人太多，而自为太少耳。

愿诸君为学，但求发达其本能，勿务于外，此余所以发至亲爱之精神，至热诚之希望，奉告于诸君也。

学问之趣味

八月六日在东南大学为暑期学校讲演

我是个主张趣味主义的人，倘若用化学化分“梁启超”这件东西，把里头所含一种原素名叫“趣味”的抽出来，只怕所剩下仅有个零了。我以为，凡人必常常生活于趣味之中，生活才有价值。若哭丧着脸捱过几十年，那么，生命便成沙漠，要来何用？中国人见面最喜欢用的一句话：“近来作何消遣？”这句话我听着便讨厌。话里的意思，好像生活得不耐烦了，几十年日子没有法子过，勉强找些事情来消它遣它。一个人若生活于这种状态之下，我劝他不如早日投海!我觉得天下万事万物都有趣味，我只嫌二十四点钟不能扩充到四十八点，不够我享用。我一年到头不肯歇息，问我忙什么？忙的是我的趣味。我以为这便是人生最合理的生活，我常常想运动别人也学我这样生活。

凡属趣味，我一概都承认它是好的。但怎么样才算“趣味”，不能不下一个注脚。我说：“凡一件事做下去不会生出和趣味相反的结果的，这件事便可以为趣味的主体。”赌钱趣味吗，输了怎么样？吃酒趣味吗，病了怎么样？做官趣味吗，没有官做的时候怎么样？……诸如此类，虽然在短时间内像有趣味，结果会闹到俗语说的“没趣一齐来”，所以我们不能承认它是趣味。凡趣味的性质，总要以趣味始以趣味终。所以能为趣味之主体者，莫如下列的几项：一、劳作；二、游戏；三、艺术；四、学问。诸君听我这段话，切勿误会以为我用道德观念来选择趣味。我不问德不德，只问趣不趣。我并不是因为赌钱不道德才排斥赌钱，因为赌钱的本质会闹到没趣，闹到没趣便破坏了我的趣味主义，所以排斥赌钱；我并不是因为学问是道德才提倡学问，因为学问的本质能够以趣味始以趣味终，最合于我的趣味主义条件，所以提倡学问。

学问的趣味是怎么一回事呢？这句话我不能回答。凡趣味总要自己领略，自己未曾领略得到时，旁人没有法子告诉你。佛典说的：“如人饮水，冷暖自知。”你问我这水怎样的冷，我便把所有形容词说尽，也形容不出给你听，除非你亲自吃一口。我这题目——学问之趣味，并不是要说学问如何如何的有趣味，只要如何如何便会尝得着学问的趣味。

诸君要尝学问的趣味吗？据我所经历过的有下列几条路应走：

第一，“无所为”（为读去声）。趣味主义最重要的条件是“无所为而为”。凡有所为而为的事，都是以别一件事为目的而以这件事为手段。为达目的起见，勉强用手段，目的达到时，手段便抛却。例如学生为毕业证书而做学问，著作家为版权而做学问，这种做法便是以学问为手段，便是有所为。有所为虽然有时也可以为引起趣味的一种方便，但到趣味真发生时，必定要和“所为者”脱离关系。你问我：“为什么做学问？”我便答道：“不为什么。”再问，我便答道：“为学问而学问。”或者答道：“为我的趣味。”诸君切勿以为我这些话掉弄虚机，人类合理的生活本来如此。小孩子为什么游戏？为游戏而游戏；人为什么生活？为生活而生活。为游戏而游戏，游戏便有趣；为体操分数而游戏，游戏便无趣。

第二，不息。“鸦片烟怎样会上瘾？”“天天吃。”“上瘾”这两个字和“天天”这两个字是离不开的。凡人类的本能，只要那部分搁久了不用，他便会麻木、会生锈。十年不跑路，两条腿一定会废了；每天跑一点钟，跑上几个月，一天不得跑时，腿便发痒。人类为理性的动物，“学问欲”原是固有本能之一种。只怕你出了学校便和学问告辞，把所有经管学问的器官一齐打落冷宫，把学问的胃弄坏了，便山珍海味摆在面前也不愿意动筷子。

诸君啊!诸君倘若现在从事教育事业或将来想从事教育事业，自然没有问题，很多机会来培养你学问的胃口。若是做别的职业呢？我劝你每日除本业正当劳作之外，最少总要腾出一点钟，研究你所嗜好的学问。一点钟哪里不消耗了？千万别要错过，闹成“学问胃弱”的症候，白白自己剥夺了一种人类应享之特权啊！

第三，深入地研究。趣味总是慢慢地来，越引越多，像那吃甘蔗，越往下才越得好处。假如你虽然每天定有一点钟做学问，但不过拿来消遣消遣，不带有研究精神，趣味便引不起来。或者今天研究这样，明天研究那样，趣味还是引不起来。趣味总是藏在深处，你想得着，便要人去。这个门穿一穿，那个窗户张一张，再不会看见“宗庙之美，百官之富”，如何能有趣味？我方才说：“研究你所嗜好的学问。”“嗜好”两个字很要紧。一个人受过相当的教育之后，无论如何，总有一两门学问和自己脾胃相合，而已经懂得大概可以作加工研究之预备的。请你就选定一门作为终身正业（指从事学者生活的人说）或作为本业劳作以外的副业（指从事其他职业的人说）。不怕范围窄，越窄越便于聚精神；不怕问题难，越难越便于鼓勇气。你只要肯一层一层地往里面追，我保你一定被它引到“欲罢不能”的地步。

第四，找朋友。趣味比方电，越磨擦越出。前两段所说是靠我本身和学问本身相磨擦，但仍恐怕我本身有时会停摆，发电力便弱了，所以常常要仰赖别人帮助。

一个人总要有几位共事的朋友，同时还要有几位共学的朋友。共事的朋友，用来扶持我的职业；共学的朋友和共玩的朋友同一性质，都是用来磨擦我的趣味。这类朋友，能够和我同嗜好一种学问的自然最好，我便和他搭伙研究。即或不然——他有他的嗜好，我有我的嗜好，只要彼此都有研究精神，我和他常常在一块或常常通信，便不知不觉把彼此趣味都磨擦出来了。得着一两位这种朋友，便算人生大幸福之一。我想只要你肯找，断不会找不出来。

我说的这四件事虽然像是老生常谈，但恐怕大多数人都不曾会这样做。唉，世上人多么可怜啊！有这种不假外求、不会蚀本、不会出毛病的趣味世界，竟自没有几个人肯来享受。古书说的故事“野人献曝”，我是尝冬天晒太阳的滋味尝得舒服透了，不忍一人独享，特地恭恭敬敬地来告诉诸君。诸君或者会欣然采纳吧。但我还有一句话，太阳虽好，总要诸君亲自去晒，旁人却替你晒不来。

为学与做人

十一年十二月二十七日为苏州学生联合会公开讲演

诸君，我在南京讲学将近三个月了。这边苏州学界里头有好几回写信邀我，可惜我在南京是天天有功课的，不能分身前来。今天到这里，能够和全城各校诸君聚在一堂，令我感激得很。但有一件，还要请诸君原谅，因为我一个月以来都带着些病，勉强支持，今天不能作很长的讲演，恐怕有负诸君期望哩。

问诸君："为什么进学校？"我想人人都会众口一词地答道："为的是求学问。"再问："你为什么要求学问？""你想学些什么？"恐怕各人的答案就很不相同，或者竟自答不出来了。诸君啊，我请替你们总答一句吧："为的是学做人。"你在学校里头学的什么数学、几何、物理、化学、生理、心理、历史、地理、国文、英语，乃至什么哲学、文学、科学、政治、法律、经济、教育、农业、工业、商业等等，不过是做人所需要的一种手段，不能说专靠这些便达到做人的目的。任凭你把这些件件学得精通，你能够成个人不能成个人还是个问题。

人类心理有知、情、意三部分，这三部分圆满发达的状态，我们先哲名之为三达德——智、仁、勇。为什么叫做"达德"呢？因为这三件事是人类普通道德的标准，总要三件具备才能成一个人。三件的完成状态怎么样呢？孔子说："知者不惑，仁者不忧，勇者不惧。"所以教育应分为知育、情育、意育三方面——现在讲的智育、德育、体育，不对。德育范围太笼统，体育范围太狭隘——知育要教到人不惑，情育要教到人不忧，意育要教到人不惧。教育家教学生应该以这三件为究竟，我们自动地自己教育自己也应该以这三件为究竟。

怎么样才能不惑呢？最要紧是养成我们的判断力。

想要养成判断力，第一步，最少需有相当的常识；进一步，对于自己要做的事需有专门智识；再进一步，还要有遇事能断的智慧。假如一个人连常识都没有，听见打雷，说是雷公发威；看见月蚀，说是虾蟆贪嘴，那么，一定闹到什么事都没有主意，碰着一点疑难问题就靠求神、问卜、看相、算命去解决，真所谓“大惑不解”，成了最可怜的人了。

学校里小学、中学所教，就是要人有了许多基本的常识，免得凡事都暗中摸索。但仅仅有这点常识还不够。我们做人总要各有一件专门职业，这门职业也并不是我一人破天荒去做，从前已经许多人做过，他们积了无数经验，发见出好些原理原则，这就是专门学识。我打算做这项职业，就应该有这项专门学识。例如我想做农吗，怎样地改良土壤、怎样地改良种子、怎样地防御水旱病虫等等，都是前人经验有得成为学识的，我们有了这种学识，应用它来处置这些事，自然会不惑，反是，则惑了。做工、做商等等都各各有它的专门学识，也是如此。我想做财政家吗，何种租税可以生出何样结果，何种公债可以生出何样结果等等，都是前人经验有得成为学识的。我们有了这种学识，应用它来处置这些事，自然会不惑，反是，则惑了。教育家、军事家等等都各各有他的专门学识，也是如此。我们在高等以上学校所求的智识就是这一类。

但专靠这种常识和学识就够吗？还不能。宇宙和人生是活的，不是呆的，我们每日所碰见的事理是复杂的、变化的，不是单纯的、印板的。倘若我们只是学过这一件才懂这一件，那么，碰着一件没有学过的事来到跟前便手忙脚乱了。所以还要养成总体的智慧，才能得有根本的判断力。这种总体的智慧如何才能养成呢？第一件，要把我们向来粗浮的脑筋着实磨炼它，叫它变成细密而且踏实。那么，无论遇着如何繁难的事，我都可以彻头彻尾想清楚它的条理，自然不至于惑了。第二件，要把我们向来昏浊的脑筋，着实将养它，叫它变成清明。那么，一件事理到跟前，我才能很从容、很莹澈地去判断它，自然不至于惑了。以上所说常识、学识和总体的智慧都是知育的要件，目的是教人做到知者不惑。

怎么样才能不忧呢？为什么仁者便会不忧呢？想明白这个道理，先要知道中国先哲的人生观是怎么样。

“仁”之一字，儒家人生观的全体大用都包在里头。“仁”到底是什么？很难用言语说明，勉强下个解释，可以说是普遍人格之实现。孔子说：“仁者，人也。”意思是说人格完成就叫做“仁”。但我们要知道，人格不是单独一个人可以表见的，要从人和人的关系上看出来。所以“仁”字从二人，郑康成解它做“相人偶”。总而言之，要彼我交感互发，成为一体，然后我的人格才能实现。所以我们若不讲人格主义，那便无话可说。讲到这个主义，当然归宿到普遍人格。换句话说，宇宙即是人生，人生即是宇宙，我的人格和宇宙无二无别。体验得这个道理，就叫做“仁者”。

然则这种仁者为什么就会不忧呢？大凡忧之所从来，不外两端，一曰忧成败，二曰忧得失。我们得着“仁”的人生观，就不会忧成败。为什么呢？因为我们知道宇宙和人生是永远不会圆满的，所以《易经》六十四卦始“乾”而终“未济”，正为在这永远不圆满的宇宙中，才永远容得我们创造进化。我们所做的事，不过在宇宙进化几万万里的长途中往前挪一寸两寸，哪里配说成功呢？然则不做怎么样呢？不做便连这一寸两寸都不往前挪，那可真真失败了。“仁者”看透这种道理，信得过只有不做事才算失败，凡做事便不会失败。所以《易经》说：“君子以自强不息。”换一方面来看，他们又信得过凡事不会成功的，几万万里路挪了一两寸，算成功吗？所以《论语》说：“知其不可而为之。”你想，有这种人生观的人，还有什么成败可忧呢？

再者，我们得着“仁”的人生观，便不会忧得失。为什么呢？因为认定这件东西是我的，才有得失之可言。连人格都不是单独存在，不能明确地划出这一部分是我的，那一部分是人家的，然则哪里有东西可以为我所得？既已没有东西为我所得，当然也没有东西为我所失。我只是为学问而学问，为劳动而劳动，并不是拿学问、劳动等等做手段来达某种目的——可以为我们“所得”的。所以老子说：“生而不有，为而不恃。”“既以为人己愈有，既以与人己愈多。”你想有这种人生观的人，还有什么得失可忧呢？总而言之，有了这种人生观，自然会觉得“天地与我并生，而万物与我为一”，自然会“无入（人）而不自得”。他的生活纯然是趣味化艺术化。这是最高的情感教育，目的教人做到仁者不忧。

怎么样才能不惧呢？有了不惑、不忧工夫，惧当然会减少许多了。但这是属于意志方面的事。一个人若是意志力薄弱，便有很丰富的智识，临时也会用不着；便有很优美的情操，临时也会变了卦。然则意志怎么才会坚强呢？头一件需要心地光明。孟子说：“浩然之气，至大至刚。行有不慊于心，则馁矣。”又说：“自反而不缩，虽褐宽博，吾不惴焉；自反而缩，虽千万人，吾往矣。”俗语说得好：“生平不做亏心事，夜半敲门也不惊”，一个人要保持勇气，需要从一切行为可以公开做起。这是第一件。第二件要不为劣等欲望之所牵制。《论语》记：“子曰：‘吾未见刚者。’或对曰：‘申枨。’子曰：‘枨也欲，焉得刚，”一旦被物质上无聊的嗜欲东拉西扯，那么，百炼钢也会变为绕指柔了。总之，一个人的意志由刚强变为薄弱极易，由薄弱返到刚强极难。一个人有了意志薄弱的毛病，这个人可就完了，自己做不起自己的主，还有什么事可做？受别人压制，做别人奴隶。自己只要肯奋斗，终须能恢复自由。自己的意志做了自己情欲的奴隶，那么，真是万劫沉沦，永无恢复自由的余地，终身畏首畏尾，成了个可怜人了。孔子说："和而不流，强哉矫；中立而不倚，强哉矫；国有道，不变塞焉，强哉矫；国无道，至死不变，强哉矫。"我老实告诉诸君说吧，做人不做到如此，绝不会成一个人。但做到如此真是不容易，非时时刻刻做磨炼意志的工夫不可。意志磨炼得到家，自然是看着自己应做的事一点不迟疑，扛起来便做，"虽千万人吾往矣"。这样才算顶天立地做一世人，绝不会有藏头躲尾、左支右绌的丑态。这便是意育的目的，要教人做到勇者不惧。

我们拿这三件事做做人的标准，请诸君想想，我自己现时做到哪一件——哪一件稍为有一点把握，倘若连一件都不能做到，连一点把握都没有，嗳哟，那可真危险了！你将来做人恐怕就做不成。讲到学校里的教育吗？第二层的情育、第三层的意育可以说完全没有，剩下的只有第一层的知育。就算知育吧，又只有所谓常识和学识，至于我所讲的总体智慧靠来养成根本判断力的，却是一点儿也没有。这种"贩卖智识杂货店"的教育，把它前途想下去，真令人不寒而栗！

现在这种教育一时又改革不来，我们可爱的青年，除了它更没有可以受教育的地方。诸君啊，你到底还要做人不要？你要知道危险呀！非你自己抖擞精神想方法自救，没有人能救你呀！

诸君啊，你千万别要以为得些断片的智识就算是有学问呀。我老实不客气告诉你吧，你如果做成一个人，智识自然是越多越好；你如果做不成一个人，智识却是越多越坏。你不信吗？试想想，全国人所唾骂的卖国贼某人某人，是有智识的呀，还是没有智识的呢？试想想全国人所痛恨的官僚、政客——专门助军阀作、恶鱼肉良民的人，是有智识的呀，还是没有智识的呢？诸君须知道啊，这些人当十几年前在学校的时代，意气横厉，天真烂漫，何尝不和诸君一样？为什么就会堕落到这样田地呀？屈原说的："何昔日之芳草兮，今直为此萧艾也！岂其有它故兮，莫好修之害也。"天下最伤心的事，莫过于看着一群好好的青年一步一步地往坏路上走。诸君猛醒啊！现在你所厌所恨的人就是你前车之鉴了。

诸君啊，你现在怀疑吗？沉闷吗？悲哀痛苦吗？觉得外边的压迫你不能抵抗吗？我告诉你，你怀疑和沉闷，便是你因不知才会惑；你悲哀痛苦，便是你因不仁才会忧；你觉得你不能抵抗外界的压迫，便是你因不勇才有惧。这都是你的知、情、意未经过修养磨炼，所以还未成个人，我盼望你有痛切的自觉啊！有了自觉，自然会自动。那么，学校之外当然有许多学问，读一卷经，翻一部史，到处都可以发见诸君的良师呀。诸君啊，醒醒吧！养足你的根本智慧，体验出你的人格人生观，保护好你的自由意志，你成人不成人，就看这几年哩！

敬业与乐业

八月十四日在上海中华职业学校讲演

我这题目，是把《礼记》里头“敬业乐群”和《老子》里头“安其居，乐其业”那两句话，断章取义造出来。我所说是否与《礼记》《老子》原意相合，不必深求。但我确信“敬业乐业”四个字是人类生活的不二法门。

本题主眼，自然是在“敬”字“乐”字。但必先有业，才有可敬可乐的主体，理至易明。所以在讲演正文以前，先要说说有业之必要。

孔子说：“饱食终日，无所用心，难矣哉！”又说：“群居终日，言不及义，好行小慧，难矣哉！”孔子是一位教育大家，他心目中没有什么人不可教诲，独独对于这两种人便摇头叹气说道：“难，难！”可见人生一切毛病都有药可医，惟有无业游民，虽大圣人碰着他，也没有办法。

唐朝有一位名僧百丈禅师，他常常用两句格言教训弟子，说道：“一日不做事，一日不吃饭。”他每日除上堂说法之外，还要自己扫地、擦桌子、洗衣服，直到八十岁，日日如此。有一回，他的门生想替他服劳，把他本日应做的工悄悄地都做了，这位言行相顾的老禅师老实不客气，那一天便绝对地不肯吃饭。

我征引儒门、佛门这两段话，不外证明人人都要正当职业，人人都要不断地劳作。倘若有人问我：“百行什么为先？万恶什么为首？”我便一点不迟疑答道：“百行业为先，万恶懒为首。”没有职业的懒人简直是社会上蛀米虫，简直是“掠夺别人勤劳结果”的盗贼。我们对于这种人，是要彻底讨伐，万不能容赦的。有人说：“我并不是不想找职业，无奈找不出来。”我说，职业难找，原是现代全世界普通现象，我也承认。这种现象应该如何救济，别是一个问题，今日不必讨论。但以中国现在情形论，找职业的机会依然比别国多得多。一个精力充满的壮年人倘若不是安心躲懒，我敢信他一定能得相当职业。今日所讲，专为现在有职业及现在正做职业上预备的人——学生——说法，告诉他们对于自己现有的职业应采何种态度。

第一要敬业。“敬”字为古圣贤教人做人最简易、直捷的法门，可惜被后来有些人说得太精微，倒变了不适实用了。唯有朱子解得最好，他说：“主一无适便是敬。”用现在的话讲，凡做一件事，便忠于一件事，将全副精力集中到这事上头，一点不旁骛，便是敬。业有什么可敬呢？为什么该敬呢？人类一面为生活而劳动，一面也是为劳动而生活。人类既不是上帝特地制来充当消化面包的机器，自然该各人因自己的地位和才力，认定一件事去做。凡可以名为一件事的，其性质都是可敬，当大总统是一件事，拉黄包车也是一件事。事的名称，从俗人眼里看来有高下；事的性质，从学理上解剖起来，并没有高下。只要当大总统的人信得过我可以当大总统才去当，实实在在把总统当做一件正经事来做；拉黄包车的人信得过我可以拉黄包车才去拉，实实在在把拉车当做一件正经事来做，便是人生合理的生活。这叫做职业的神圣。凡职业没有不是神圣的，所以凡职业没有不是可敬的。唯其如此，所以我们对于各种职业，没有什么分别拣择。总之，人生在世，是要天天劳作的。劳作便是功德，不劳作便是罪恶，至于我该做哪一种劳作呢？全看我的才能何如，境地何如。因自己的才能、境地做一种劳作做到圆满，便是天地间第一等人。

怎样才能把一种劳作做到圆满呢？唯一的秘诀就是忠实，忠实从心理上发出来的便是敬。《庄子》记痀瘘丈人承蜩的故事，说道："虽天地之大，万物之多，而惟吾蜩翼之知。"凡做一件事，便把这件事看做我的生命，无论别的什么好处，到底不肯牺牲我现做的事来和他交换。我信得过我当木匠的做成一张好桌子，和你们当政治家的建设成一个共和国家同一价值；我信得过我当挑粪的把马桶收拾得干净，和你们当军人的打胜一支压境的敌军同一价值。大家同是替社会做事，你不必羡慕我，我不必羡慕你。怕的是我这件事做得不妥当，便对不起这一天里头所吃的饭，所以我做事的时候丝毫不肯分心到事外。曾文正说："坐这山，望那山，一事无成。”我从前看见一位法国学者著的书，比较英、法两国国民性，他说：“到英国人公事房里头，只看见他们埋头执笔做他的事；到法国人公事房里头，只看见他们衔着烟卷像在那里出神。英国人走路，眼注地上，像用全副精神注在走路上；法国人走路，总是东张西望，像不把走路当一回事。”这些话比较得是否确切姑且不论，但很可以为“敬业”两个字下注脚。若果如他们所说，英国人便是敬，法国人便是不敬。一个人对于自己的职业不敬，从学理方面说，便是亵渎职业之神圣；从事实方面说，一定把实（事）情做糟了，结果自己害自己。所以敬业主义于人生最为必要，又于人生最为有利。庄子说：“用志不纷，乃凝于神。”孔子说：“素其位而行，不愿乎其外。”我说的敬业不外这些道理。

第二要乐业。“做工好苦呀！”这种叹气的声音，无论何人都会常在口边流露出来。但我要问他：“做工苦，难道不做工就不苦吗？”今日大热天气，我在这里喊破喉咙来讲，诸君扯直耳朵来听，有些人看着我们好苦。翻过来，倘若我们去赌钱、去吃酒，还不是一样的淘神费力，难道又不苦？须知苦乐全在主观的心，不在客观的事。人生从出胎的那一秒钟起到咽气的那一秒钟止，除了睡觉以外，总不能把四肢、五官都搁起不用，只要一用，不是淘神，便是费力，劳苦总是免不掉的。会打算盘的人，只有从劳苦中找出快乐来。我想天下第一等苦人，莫过于无业游民，终日闲游浪荡，不知把自己的身子和心子摆在哪里才好，他们的日子真难过。第二等苦人，便是厌恶自己本业的人，这件事分明不能不做，却满肚子里不愿意做。不愿意做逃得了吗？到底不能。结果还是皱着眉头，哭丧着脸做去。这不是专门自己替自己开玩笑吗？我老实告诉你一句话："凡职业都是有趣味的，只要你肯继续做下去，趣味自然会发生。"为什么呢？第一，因为凡一件职业，总有许多层累、曲折，倘能身入其中，看它变化、进展的状态，最为亲切有味。第二，因为每一职业之成就，离不了奋斗，一步一步地奋斗前去，从刻苦中得快乐，快乐的分量加增。第三，职业的性质常常要和同业的人比较骈进，好像赛球一般，因竞胜而得快乐。第四，专心做一职业时，把许多游思、妄想杜绝了，省却无限闲烦恼。孔子说："知之者不如好之者，好之者不如乐之者。"人生能从自己职业中领略出趣味，生活才有价值。孔子自述生平，说道：“其为人也，发愤忘食，乐以忘忧，不知老之将至云尔。”这种生活真算得人类理想的生活了。

我生平最受用的有两句话：一是“责任心”，二是“趣味”。我自己常常力求这两句话之实现与调和，又常常把这两句话向我的朋友强聒不舍。今天所讲，敬业即是责任心，乐业即是趣味。我深信人类合理的生活总该如此，我盼望诸君和我同一受用！

治国学的两条大路

十二年一月九日为东大国学研究会演讲

李竞芳记录

梁先生在宁讲学数月，每次讲稿均先期手自编定。此次因离宁在即，应接少暇，故本讲稿仅成其上篇。下篇则由竞芳笔记。谨附识。

诸君，我对于贵会，本来预定讲演的题目是《古书之真伪及其年代》。中间因为有病，不能履行原约。现在我快要离开南京了，那个题目不是一回可以讲完，而且范围亦太窄。现在改讲本题，或者较为提纲挈领，于诸君有益吧。

我以为研究国学有两条应走的大路：

一、文献的学问。应该用客观的科学方法去研究。

二、德性的学问。应该用内省的和躬行的方法去研究。

第一条路，便是近人所讲的“整理国故”这部分事业。这部分事业最浩博、最繁难而且最有趣的，便是历史。我们是有五千年文化的民族，我们一家里弟兄姊妹们便占了全人类四分之一，我们的祖宗世世代代在“宇宙进化线”上头不断地做他们的工作，我们替全人类积下一大份遗产，从五千年前的老祖宗手里一直传到今日没有失掉。我们许多文化产品都用我们极优美的文字记录下来。虽然记录方法不很整齐，虽然所记录的随时散失了不少，但即以现存的正史、别史、杂史、编年、纪事本末、法典、政书、方志、谱牒，以至各种笔记、金石刻文等类而论，十层大楼的图书馆也容不下。拿历史家眼光看来，一字一句都藏有极可宝贵的史料。又不独史部书而已，一切古书，有许多人见为无用者，拿它当历史读，都立刻变成有用。章实斋说：“六经皆史。”

这句话我原不敢赞成，但从历史家的立脚点看，说“六经皆史料”，那便通了。既如此说，则何只六经皆史，也可以说诸子皆史，诗文集皆史，小说皆史。因为里头一字一句都藏有极可宝贵的史料，和史部书同一价值。我们家里头这些史料，真算得世界第一个丰富矿穴。从前仅用土法开采，采不出什么来，现在我们懂得西法了，从外国运来许多开矿机器了，这种机器是什么？是科学方法。我们只要把这种方法运用得精密巧妙而耐烦，自然会将这学术界无尽藏的富源开发出来，不独对得起先人，而且可以替世界人类恢复许多公共产业。

这种方法之应用，我在我去年所著的《历史研究法》和前两个月在本校所讲的《历史统计学》里头已经说过大概，虽然还有许多不尽之处，但我敢说这条路是不错的。诸君倘肯循着路深究下去，自然也会发出许多支路，不必我细说了。但我们要知道，这个矿太大了，非分段开采不能成功，非一直开到深处不能得着宝贝。我们一个人一生的精力能够彻底开通三几处矿苗，便算了不得的大事业。因此我们感觉着有发起一个合作运动之必要，合起一群人，在一个共同目的、共同计划之下，各人从其性之所好以及平时的学问根底，各人分担三两门做“窄而深”的研究，拼着一二十年工夫下去，这个矿或者可以开得有点眉目了。

此外，和史学范围相出入或者性质相类似的文献学还有许多，都是要用科学方法去研究。例如：

（一）文字学

我们的单音文字，每一个都含有许多学问意味在里头，若能用新眼光去研究，做成一部《新说文解字》，可以当做一部民族思想变迁史或社会心理进化史读。

（二）社会状态学

我国幅员广漠，种族复杂，数千年前之初民的社会组织与现代号称最进步的组织同时并存。试到各省区的穷乡僻壤，更进一步入到苗子、番子居住的地方，再拿二十四史里头蛮夷传所记的风俗来参证，我们可以看见现代社会学者许多想象的事项，或者证实，或者要加修正。总而言之，几千年间一部竖的进化史在一块横的地平上可以同时看出，除了我们中国以外，恐怕没有第二个国了。我们若从这方面精密研究，真是最有趣味的事。

（三）古典考释学

我们因为文化太古，书籍太多，所以真伪杂陈，很费别择，或者文义艰深，难以索解。我们治国学的人为节省后人精力而且令学问容易普及起见，应该负一种责任，将所有重要古典都重新审定一番，解释一番。这种工作，前清一代的学者已经做得不少。我们一面凭借他们的基础，容易进行；一面我们因外国学问的触发，可以有许多补他们所不及。所以从这方面研究，又是极有趣味的事。

（四）艺术鉴评学

我们有极优美的文学美术作品，我们应该认识它的价值，而且将赏鉴的方法传授给多数人，令国民成为“美化”。这种工作又要另外一帮人去做。我们里头有性情近于这一路的，便应该以此自任。

以上几件，都是举其最重要者，其实文献学所包含的范围还有许多，就是上所讲的几件，剖析下去，每件都有无数的细目。我们做这类文献学问，要悬着三个标准以求到达：

第一，求真。凡研究一种客观的事实，须先要知道它“的确是如此”，才能判断它“为什么如此”。文献部分的学问多属过去陈迹，以讹传讹失其真相者甚多，我们总要用很谨严的态度仔细别择，把许多伪书和伪事剔去，把前人的误解修正，才可以看出真面目来，这种工作，前清“乾嘉诸老”也曾努力做过一番，有名的清学正统派之考证学便是。但依我看来，还早得很哩!他们的工作，算是经学方面做得最多，史学、子学方面便差得远，佛学方面却完全没有动手呢。况且我们现在做这种工作，眼光又和先辈不同，所凭借的资料也比先辈们为多。我们应该开出一派“新考证学”，这片大殖民地很够我们受用咧。

第二，求博。我们要明白一件事物的真相，不能靠单文孤证便下武断，所以要将同类或有关系的事情网罗起来贯串比较，愈多愈妙。比方做生物学的人，采集各种标本，愈多愈妙。我们可以用统计的精神做大量观察。我们可以先立出若干种“假定”，然后不断地搜罗资料来测验这“假定”是否正确。若能善用这些法门，真如韩昌黎说的“牛溲马勃，败鼓之皮，兼收并蓄，待用无遗”。许多前人认为无用的资料，我们都可以把它废物利用了。但求博也有两个条件。荀子说："好一则博。"又说："以浅持博。"我们要做博的工夫，只能择一两件专门之业为自己性情最近者做去，从极狭的范围内生出极博来，否则件件要博，便连一件也博不成。这便是好一则博的道理。又，满屋散钱，穿不起来，虽多也是无用。资料越发丰富，则驾驭资料越发繁难，总须先求得个"一以贯之"的线索，才不至"博而寡要"。这便是以浅持博的道理。

第三，求通。好一固然是求学的主要法门，但容易发生一种毛病，这毛病我替它起个名叫做"显微镜生活"。镜里头的事物看得纤悉周备，镜以外却完全不见，这样子做学问也常常会判断错误。所以我们虽然专门一种学问，却切不要忘却别门学问和这门学问的关系；在本门中，也常要注意各方面相互之关系。这些关系，有许多在表面上看不出来的，我们要用锐利眼光去求得它，能常常注意关系，才可以成通学。

以上关于文献学算是讲完，两条路已言其一，此外则为德性学。此学应用内省及躬行的方法来研究，与文献学之应以客观的科学方法研究者绝不同。这可说是国学里头最重要的一部分，人人应当领会的，必走通了这一条路，乃能走上那一条路。

近来国人对于知识方面很是注意，整理国故的名词我们也听得纯熟。诚然，整理国故，我们是认为急务，不过若是谓除整理国故外遂别无学问，那却不然。我们的祖宗遗予我们的文献宝藏诚然足以傲世界各国而无愧色，但是我们最特出之点，仍不在此。其学为何？即人生哲学是。

欧洲哲学上的波澜，就哲学史家的眼光看来，不过是主智主义与反主智主义两派之互相起伏。主智者主智，反主智者即主情、主意。本来人生方面也只有智、情、意三者，不过欧人对主智特别注重，而于主情、主意，亦未能十分贴近人生。盖欧人讲学，始终未以人生为出发点。至于中国先哲则不然。无论何时代何宗派之著述，夙皆归纳于人生这一途，而于西方哲人精神萃集处之宇宙原理、物质公例等等，倒都不视为首要。故《荀子·儒效》篇曰："道，仁之隆也……非天之道，非地之道，人之所以道也。"儒家既纯以人生为出发点，所以以"人之所以为道"为第一位，而于天之道等等，悉以置诸第二位。而欧西则自希腊以来即研究他们所谓的形而上学，一天到晚，只在那里高谈宇宙原理，凭空冥索，终少归宿到人生这一点。苏格拉底号称西方的孔子，很想从人生这一方面做工夫，但所得也十分幼稚。他的弟子柏拉图更不晓得循着这条路去发挥，至全弃其师传，而复研究其所谓天之道。亚里士多德出，于是又反趋于科学。后人有谓道源于亚里士多德的话，其实他也不过仅于科学方面有所创发，离人生毕竟还远得很。迨后斯端一派，大概可与中国的墨子相当，对于儒家仍是望尘莫及。一到中世纪，欧洲全部统成了宗教化。残酷的罗马与日耳曼人悉受了宗教的感化，而渐进于迷信。宗教方面，本来主情意的居多，但是纯以客观的上帝来解决人生，终竟离题尚远。后来再一个大反动，便是“文艺复兴”，遂一变主情、主意之宗教而代以理智。近代康德之讲范畴、范围更过于严谨，好像我们的临“九宫格”一般。所以他们这些都可说是没有走到人生的大道上去。直到詹姆士、柏格森、倭铿等出，才感觉到非改走别的路不可，很努力地从体验人生上做去，也算是把从前机械的唯物的人生观拨开几重云雾。

但是真果拿来与我们儒家相比，我可以说仍然幼稚。

总而言之，西方人讲他的形而上学，我们承认有它独到之处。换一方面，讲客观的科学也非我们所能及。不过最奇怪的是他们讲人生也用这种方法，结果真弄到个莫明其妙。譬如用形而上学的方法讲人，是绝不想到从人生的本体来自证，却高谈玄妙，把冥冥莫测的上帝来对喻。再如用科学的方法讲，尤为妙极。试问人生是什么？是否可以某部当几何之一角、三角之一边？是否可以用化学的公式来化分、化合？或是用几种原质来造成？再如达尔文之用生物进化说来讲人生，征考详博，科学亦莫能摇动，总算是壁垒坚固，但是果真要问他人之所以异于禽兽者安在，人既自猿进化而来，为什么人自为人而猿终为猿？恐怕他也不能给我们以很有理由的解答。

总之，西人所用的几种方法仅能够用之以研究人生以外的各种问题，人，绝不是这样机械易懂的。欧洲人却始终未彻悟到这一点，只盲目地往前做，结果造成了今日的烦闷，彷徨莫知所措。盖中世纪时，人心还能依赖着宗教过活，及乎今日，科学昌明，赖以醉麻人生的宗教完全失去了根据。人类本从下等动物蜕化而来，哪里有什么上帝创造？宇宙一切现象不过是物质和它的运动，还有什么灵魂？来世的天堂既不可凭，眼前的利害复日相肉搏。怀疑失望，都由之而起，真正是他们所谓的世纪末了。

以上我等看西洋人何等可怜!肉搏于这种机械唯物的枯燥生活当中，真可说是始终未闻大道。我们不应当导他们于我们祖宗这一条路上去吗？以下便略讲我们祖宗的精神所在，我们看看是否可以终身受用不尽，并可以救他们西人物质生活之疲敝。

我们先儒始终看得知行是一贯的，从无看到是分离的。后人多谓知行合一之说为王阳明所首倡，其实阳明也不过是就孔子已有的发挥。孔子一生为人，处处是知行一贯，从他的言论上也可以看得出来。他说“学而不厌”，又说“为之不厌”，可知“学”即是“为”，“为”即是“学”。盖以知识之扩大，在人努力的自为，从不像西人之从知识方法而求知识。所以王阳明曰：“知而不行，是谓不知。”所以说这类学问必须自证，必须躬行，这却是西人始终未看得的一点。

又儒家看得宇宙人生是不可分的，宇宙绝不是另外一件东西，乃是人生的活动，故宇宙的进化全基于人类努力的创造。所以《易经》曰：“天行健，君子以自强不息。”又看得宇宙永无圆满之时，故易卦六十四，始《乾》而以《未济》终。盖宇宙“既济”，则乾坤已息，还复有何人类？吾人在此未圆满的宇宙中，只有努力地向前创造。这一点，柏格森所见的，也很与儒家相近。他说宇宙一切现象乃是意识流转所构成，方生已灭，方灭已生，生灭相衔，方成进化。这些生灭都是人类自由意识发动的结果。所以人类日日创造，日日进化。这意识流转就唤作精神生活，是要从内省直觉得来的。他们既知道变化流转就是宇宙真相，又知道变化流转之权操之在我，所以孔子曰：“人能弘道，非道弘人。”儒家既看清了以上各点，所以他的人生观十分美渥，生趣盎然。人生在此不尽的宇宙当中不过是蜉蝣朝露一般，向前做得一点是一点，既不望其成功，苦乐遂不系于目的物，完全在我，真所谓“无人而不自得”。有了这种精神生活，再来研究任何学问，还有什么不成？

那么，或有人说，宇宙既是没有圆满的时期，我们何不静止不作，好吗？其实不然。人既为动物，便有动作的本能，穿衣吃饭也是要动的。既是人生非动不可，我们何妨就我们所喜欢做的所认为当做的做下去？我们最后的光明固然是远在几千万年几万万年之后，但是我们的责任不是叫一蹴而就地达到目的地，是叫我们的目的地日近一日。我们的祖宗尧、舜、禹、汤、孔、孟……在他们的进行中，长的或跑了一尺，短的不过跑了数寸，积累而成，才有今日。我们现在无论是一寸半分，只要往前跑才是。为现在及将来的人类受用，这都是不可逃的责任。

孔子曰："士不可以不弘毅，任重而道远，仁以为己任，不亦重乎？死而后已，不亦远乎？"所以我们虽然晓得道远之不可至，还是要努力地到死而后已。故孔子是"知其不可而为之者"。正为其知其不可而为，所以生活上才含着春意。若是不然，先计较它可为不可为，那么，情志便系于外物，忧乐便关乎得失，或竟因为计较利害的原故，使许多应做的事反而不做。这样，还哪里领略到生活的乐趣呢？

再其次，儒家是不承认人是单独可以存在的。故"仁"

的社会为儒家理想的大同社会。“仁”字从二人，郑玄曰：“仁，相人偶也。”（《礼记注》）非人与人相偶，则“人”的概念不能成立。故孤行执异，绝非儒家所许。盖人格专靠各个自己是不能完成。假如世界没有别人，我的人格从何表现？譬如全社会都是罪恶，我的人格受了传染和压迫，如何能健全？由此可知人格是共同的，不是孤零的。想自己的人格向上，唯一的方法是要社会的人格向上。然而社会的人格本是各个自己化合而成。想社会的人格向上，唯一的方法又是要自己的人格向上。明白了这个力和环境提携便成进化的道理，所以孔子教人“己欲立而立人，己欲达而达人”。

所谓立人、达人，非立达别人之谓，乃立达人类之谓。彼我合组成人类，故立达彼，即是立达人类；立达人类，即是立达自己。更用“取譬”的方法来体验这个达字，才算是“仁之方”。其《论语》一书，讲仁字的屡见不一。儒家何其把仁字看得这么重要呢？即上面所讲的，儒家学问专以研究“人之所以为道”为本。明乎仁，人之所以为道自见。孟子曰：“仁也者，人也；合而言之，道也。”盖仁之概念，与人之概念相涵。人者，通彼我而始得名。彼我通，乃得谓之仁。知乎人与人相通，所以我的好恶即是人的好恶，我的精神中同时也含有人的精神。不徒是现世的人为然，即如孔、孟远在两千年前，他的精神亦浸润在国民脑中不少。可见彼我相通，虽历百世不变。儒家从这一方面看得至深且切，而又能躬行实践，“无终食之间违仁”，这种精神影响于国民性者至大。即此一分家业，我可以说真是全世界唯一无二的至宝。这绝不是用科学的方法可以研究得来的，要用内省的工夫实行体验。体验而后再为躬行实践，养成了这副美妙的仁的人生观，生趣盎然地向前进。无论研究什么学问，管许是兴致勃勃。孔子曰：“仁者不忧”，就是这个道理。不幸汉以后这种精神便无人继续地弘发，人生观也渐趋于机械。八股制兴，孔子的真面目日失。后人称“寻孔颜乐处”，究竟孔颜乐处在哪里？还是莫名其妙。我们既然诵法孔子，应该好好保存这分家私——美妙的人生观——才不愧是圣人之徒啊！

此外，我们国学的第二源泉就是佛教。佛，本传于印度，但是盛于中国。现在大乘各派，五印全绝；正法一派，全在中国。欧洲人研究佛学的甚多，梵文所有的经典差不多都翻出来。但向梵文里头求大乘，能得多少？我们自创的宗派更不必论了。像我们的禅宗，真可算得应用的佛教。世间的佛教的确是印度以外才能发生，的确是表现中国人的特质，叫出世法与入世法并行不悖。它所讲的宇宙精微的确还在儒家之上。说宇宙流动不居，永无圆满，可说是与儒家相同。曰“一众生不成佛，我誓不成佛”，即孔子立人达人之意。盖宇宙最后目的乃是求得一大人格实现之圆满相，绝非求得少数个人超拔的意思。儒、佛所略不同的，就是一偏于现世的居多，一偏于出世的居多。至于它们的共同目的，都是愿世人精神方面完全自由。

现在“自由”二字，误解者不知多少。其实人类外界的束缚，它力的压迫，终有方法解除，最怕的是“心为形役”，自己做自己的奴隶。儒、佛都用许多的话来教人，想叫把精神方面的自缚解放净尽，顶天立地，成一个真正自由的人。这点，佛家弘发得更为深透，真可以说佛教是全世界文化的最高产品。这话，东西人士都不能否认。此后全世界受用于此的正多。我们先人既辛苦地为我们创下这份产业，我们自当好好地承受。因为这是人生唯一安身立命之具。有了这种安身立命之具，再来就性之所近地去研究一种学问，那么，才算尽了人生的责任。

诸君听了我这夜的演讲，自然明白我们中国文化比世界各国并无逊色。那一般沉醉西风、说中国一无所有的人，目属浅薄可笑。《论语》曰：“人虽欲自绝，其何伤于日月乎？多见其不知量也。”这边的诸同学从不对于国学轻下批评，这是很好的现象。自然，我也闻听有许多人讽刺南京学生守旧，但是只要旧的是好，守旧又何足诟病？所以我很愿此次的讲演更能够多多增进诸君以研究国学的兴味。